역사학자 3인이 쓴 정통 한국사

한국사 읽는 어린이 ①

한국사 읽는 어린이 ❶ 선사~삼국
- 역사학자 3인이 쓴 정통 한국사

ⓒ 강석화, 김정인, 임기환, 2021

초판 1쇄 발행 2021년 6월 21일 | **초판 4쇄 발행** 2025년 1월 17일 | **ISBN** 979-11-5836-233-1, 979-11-5836-232-4(세트)

펴낸이 임선희 | **펴낸곳** ㈜책읽는곰 | **출판등록** 제2017-000301호 | **주소** 서울시 마포구 성지길 48 | **전화** 02-332-2672~3
팩스 02-338-2672 | **홈페이지** www.bearbooks.co.kr | **전자우편** bear@bearbooks.co.kr | **SNS** Instagram@bearbooks_publishers
편집 우지영, 우진영, 이다정, 최아라, 박혜진, 김다예, 윤주영, 도아라, 홍은채 | **디자인** 톡톡, 김지은, 김은지 | **마케팅** 정승호, 배현석,
김선아, 이서윤, 백경희 | **경영관리** 고성림, 이민종 | **저작권** 민유리 | **도움준이** 이인석, 황은희(원고 검토, 생각 넓히기 집필), 북앤포토(사진 진행)
협력업체 이피에스, 두성피앤엘, 월드페이퍼, 원방드라이보드, 해인문화사, 으뜸래핑, 도서유통 천리마

이 책은 저작권법에 따라 보호받는 저작물이므로 무단 전재와 무단 복제를 금합니다.
이 책 내용의 전부 또는 일부를 사용하시려면 반드시 저작권자와 출판사의 동의를 얻어야 합니다.

KC마크는 이 제품이 공통안전기준에 적합하였음을 의미합니다.
제조국 : 대한민국 | 사용 연령 : 3세 이상
책 모서리에 부딪히거나 종이에 베이지 않도록 주의해 주세요.

역사학자 3인이 쓴 정통 한국사

한국사 읽는 어린이

글 강석화·김정인·임기환
그림 서영

① 선사~삼국

역사란 무엇일까? 왜 역사를 배워야 할까?

 역사란 과거에 살았던 사람들의 이야기예요. 우리는 역사 공부를 통해 우리와 다른 시간, 다른 환경에 있었던 사람들이 어떻게 살았는지, 어떤 생각을 했는지, 어떤 기준으로 어떤 선택을 했는지 알게 되지요. 이처럼 과거에 살았던 사람들의 삶을 알아보고, 이를 바탕으로 우리는 어떻게 오늘을 살아야 하고 어떤 시각으로 세상을 보아야 하며 어떻게 세상과 만나야 할지를 스스로 깨닫게 됩니다. 그게 바로 역사를 배워야 하는 이유겠지요. 하지만 그러한 깨달음도 고정된 것은 아니에요. 더 많은 정보를 얻고 새로운 사실을 알게 되면 계속 바뀌게 마련이지요. 그러니까 열린 마음으로 꾸준히 공부하고 많은 사람들과 대화해야 한답니다. - 강석화

"어려워, 어려워!"
초등학교에서 막 역사를 배운 친구가 말했어요.
"뭐가 어려워?"
"뭔지는 모르겠는데, 아무튼 어려워!"
하긴 뭐가 어려운지 알면 그건 어려운 게 아니겠지요? 그 친구가 중학생이 되어 역사를 배우더니 이렇게 말했어요.
"아, 내가 초등학교에서 역사를 배우면서 뭐가 어려웠는지 이제 알겠다! 고려 다음에 조선이라는 나라가 있는 건 알겠는데, 세종 대왕과 이순신 중에 누가 먼저 태어났는지는 정말 헷갈렸거든."

아하, 그랬군요. 역사 속 인물에게는 태어난 순서가, 사건에는 일어난 순서가 있는데, 그걸 외우는 게 어려웠던 거군요.
하지만 역사에는 순서보다 더 중요한 게 있어요. 지금 어린이 여러분이 만나는 세상은 가족과 학교가 전부겠지만, 하루하루 커 가면서 만나는 세상은 점점 넓어질 거예요. 옛날에 살았던 사람들과 사건들을 익히는 역사 공부는 어린이가 넓은 세상으로 나아가는 데 꼭 필요해요. 넓은 세상을 미리 공부하는 예습인 셈이죠. 재미있게 역사 공부하기를 바라는 마음에서 선생님이 들려주듯 이 책을 썼어요. 이런 마음이 어린이 여러분과 통했으면 좋겠어요. - 김정인

 "왜 우리 역사를 공부하게 되었어요?"
선생님이 가장 많이 받는 질문이에요.
"역사가 재미있잖아요!" 이런 대답에 어떤 학생들은 또 이렇게 되묻지요.
"뭐가 재미있어요? 외울 것도 많고, 너무 복잡해서 머리만 아프던데요!"
역사가 재미있다는 말이 이해가 되지 않는다고 고개를 갸우뚱하는 학생들에게 선생님이 들려주는 이야기가 있어요.
초등학교 5학년 때 일이었어요. 우연히 할아버지가 읽던 《삼국지》를 펼쳐 보았는데, 유비와 조조, 제갈공명 같은 인물들이 펼쳐 가는 이야기가 너무 재미있어서 푹 빠져들게 되었죠. 그러면서 나중에 크면 꼭 역사를 공부하겠다고 마음먹었고요.
저처럼 많은 어린이들이 역사를 재미있어 하고 좋아하기를 바라는 마음에서 이 책을 쓰게 되었어요. 역사 공부는 옛날에 일어난 일을 무작정 외우는 게 아니에요. 옛사람이 남긴 기록과 유물을 탐색하고, 그들이 살았던 시간과 공간을 간접적으로 체험하면서 그들이 살아온 모습을 들여다보는 거예요. 이를 통해 미래를 준비하는 거지요.
어린이 여러분이 이 책에 담긴 옛사람들의 이야기를 즐겁게 읽으면서 우리 역사를 좋아하게 되기를 바랍니다. - 임기환

차례

작가의 말 • 4
3인의 역사 교수님을 소개합니다 • 9

1장 구석기 시대 • 10
생각 넓히기 • 23
더 알아보기 - 구석기 시대의 도구, 뗀석기 • 24

2장 신석기 시대 • 26
생각 넓히기 • 39
더 알아보기 - 신석기 시대의 발명품, 간석기와 토기 • 40

3장 청동기 시대와 고조선의 건국 • 42
생각 넓히기 • 57
더 알아보기 - 고인돌 • 58

4장 철기 문화와 여러 나라의 성립 • 60
생각 넓히기 • 75

5장 삼국과 가야의 건국 신화 • 76
인물 탐구 - 부여의 시조 동명과 고구려의 시조 동명 성왕은 같은 사람인가요? • 94
생각 넓히기 • 95

6장 삼국과 가야의 성장 • 96
사건 탐구 - 신라의 왕 이름은 왜 여러 번 바뀌었나요? • 110
생각 넓히기 • 111

7장 고구려와 백제, 처음으로 마주하다 · 112
사건 탐구 - 풍납토성은 언제 만들어졌나요? · 122
생각 넓히기 · 123

8장 동북아시아를 호령한 고구려 · 124
사건 탐구 - 광개토 대왕릉비에는 어떤 내용이 새겨져 있나요? · 136
생각 넓히기 · 137

9장 백제와 신라, 힘을 겨루다 · 138
인물 탐구 - 이차돈은 어떻게 불교를 위해 목숨을 바쳤나요? · 150
생각 넓히기 · 151

10장 삼국의 문화와 생활 · 152
사건 탐구 - 왜 어떤 무덤은 '릉'이라 하고, 어떤 무덤은 '총'이라 부르는 건가요? · 168
생각 넓히기 · 169

11장 고구려, 수와 당을 물리치다 · 170
인물 탐구 - 연개소문은 왜 정변을 일으켰나요? · 182
생각 넓히기 · 183

12장 삼국 통일 전쟁 · 184
사건 탐구 - 화랑도는 어떤 조직이었나요? · 194
생각 넓히기 · 195

13장 백제, 고구려의 부흥 운동과 나당 전쟁 · 196
생각 넓히기 · 207

14장 세 나라가 하나 되다 · 208
  쟁점 토론 - 신라의 삼국 통일은 불완전한 통일인가요? · 218
  생각 넓히기 · 219

15장 삼국 사람들이 만난 세계 · 220
  생각 넓히기 · 233
  더 알아보기 - 비단길 · 234

16장 삼국과 통일 신라의 불교문화 · 236
  생각 넓히기 · 247

17장 대조영, 발해를 세우다 · 248
  쟁점 토론 - 대조영은 고구려인인가요? 말갈인인가요? · 260
  생각 넓히기 · 261

18장 해동성국 발해 · 262
  생각 넓히기 · 273
  더 알아보기 - 발해의 길 · 274

19장 골품제에 막힌 큰 뜻 · 276
  생각 넓히기 · 289

연표 · 290
찾아보기 · 292
사진 제공 · 294

3인의 역사 교수님을 소개합니다

임기환

난 선사 시대부터 고려 시대 전기까지를 안내할 임기환 선생님이야. 조용하고 혼자 있는 걸 좋아하며 소극적인 편이야. 아무것도 안 하고 노는 것을 좋아하지. 특별히 아끼는 것은 아니지만 항상 손목시계를 차고 다녀. 여행과 등산을 좋아하지만, 다른 운동은 싫어해. 요즘은 고양이 키우기와 길고양이 돌보기에 빠져 있어.

강석화

난 고려 시대 후기부터 조선 시대까지를 안내할 강석화 선생님이야. 겉보기에는 활발해 보이지만 조금 소심한 편이야. 낯을 많이 가리는 편이지. 행동은 느리지만 검도를 할 때는 좀 달라. 이래 봬도 3단이라고! 요즘은 자전거 타기와 요트를 즐기고 있어. 혼자서 책을 읽거나 가족과 여행하는 것, 친구들과 수다 떠는 것을 좋아해.

김정인

근대와 현대를 담당하는 김정인 선생님이야. 난 웬만하면 스트레스를 받지 않고 화도 내지 않는 편이야. 항상 웃는 얼굴이라 놀림을 받은 적도 있지. 특별히 싫어하는 일은 없고, 운동을 아주 좋아해서 야구장에 직접 응원을 가기도 해. 가장 좋아하는 일은 공부하기야. 그래서 지치고 힘들 때면 공부를 한단다. 이상하니?

1장 구석기 시대

여기는 구석기 시대 사람들이 사는 동굴의 입구야.
남자들이 사냥을 갔다가 돌아오는 모양이야. 그런데 사람이 다쳤나 봐.
부축을 받으면서 돌아오네. 어쩌다가 다치게 된 걸까?

질문 있어요!

저기, 궁금한 게 있어요!

무엇이든 물어보세요!

오늘은 운이 좋아 사슴을 잡았지만, 아저씨 한 명이 다리를 다쳤어요!

그래. 하지만 크게 다치지 않아 다행이야!

매번 사냥할 때마다 사람이 다치니 큰일이에요. 언제까지 이렇게 해야 되나요?

그 당시에 사람은 힘도 약하고 아직 도구도 발달하지 않아서, 사냥은 위험한 일이었어. 그래서 사냥에 성공한 날보다는 채집으로 얻은 식물을 먹는 날이 훨씬 더 많았지. 점점 도구가 발달하면서 사냥을 더 잘하게 되었단다.

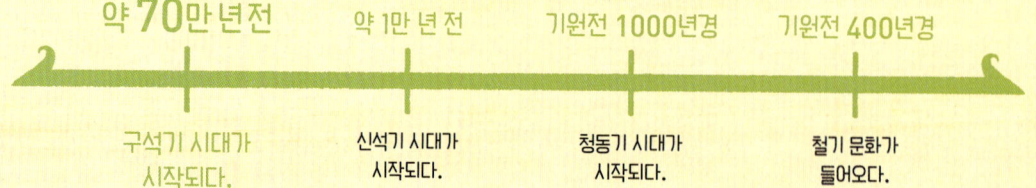

약 **70만 년 전** — 구석기 시대가 시작되다.
약 **1만 년 전** — 신석기 시대가 시작되다.
기원전 **1000년경** — 청동기 시대가 시작되다.
기원전 **400년경** — 철기 문화가 들어오다.

인류는 언제 처음 나타났을까?

사람이 이 세상에 처음 나타난 것은 지금으로부터 약 300만 년 전의 일이야. 오스트랄로피테쿠스라는 최초의 인류가 아프리카에서 생겨났지. 하지만 학자에 따라서는 좀 더 오래전에 생긴 일로 보기도 해. 오스트랄로피테쿠스라는 말은 '남쪽 지방의 원숭이'라는 뜻으로 학자들이 붙인 이름이야.

그럼 왜 아프리카에서 최초의 인류가 나타났을까? 그 당시 지구는 빙하기라서 지구 전체가 꽁꽁 얼어붙을 정도로 추웠어. 물론 중간에 날씨가 따뜻해지는 간빙기(빙하기와 빙하기의 사이라는 뜻)가 있기는 했지만 추울 때가 더 많았어. 그래서 가장 따뜻한 지역인 아프리카에 동물과 식물이 많이 살고 있었지. 그중에 인류의 먼 조상이 있었고, 그들이 진화해서 최초의 인류

두 발로 걸었던 첫 인류는 오스트랄로피테쿠스인데, 왜 호모 에렉투스에게 '곧선 사람'이라는 이름이 붙여졌을까? 그 이유는 호모 에렉투스 화석이 오스트랄로피테쿠스 화석보다 먼저 발견되었기 때문이야. 19세기 말에 인도네시아에서 자바 원인, 20세기 초에는 중국에서 북경 원인을 발견했는데, 이들이 당시까지 발견한 화석 인류 중 두 발로 걸었던 가장 오래된 인류였어. 그래서 '곧선 사람'이라는 이름을 붙였지. 그 뒤에 호모 에렉투스보다 먼저 두 발로 걸었던 화석 인류가 많이 발견되었지만, 곧선 사람이라는 이름은 바뀌지 않았어.

가 생겨난 거야.

오스트랄로피테쿠스는 지금 사람에 비해 키가 훨씬 작고 등이 구부정했으며, 머리뼈의 크기도 작았어. 오스트랄로피테쿠스 이후에 또 다른 인류인 호모 하빌리스(손 쓴 사람), 호모 에렉투스(곧선 사람), 호모 사피엔스(슬기 사람), 호모 사피엔스 사피엔스(슬기 슬기 사람)이 차례로 나타났어.

이와 같은 진화 과정을 거쳐 변화해 온 인류는 다른 동물과 확실하게 다른 점을 가지고 있었는데, 그중 하나가 바로 두 발로 서서 걷는다는 거였어. 두 발로 걷는다는 게 당연한 것처럼 보이지만 아주 중요해. 만약 사람이 다른 동물처럼 네 발로 걷는다면 두 손을 자유롭게 쓸 수 없을 거야. 손을 쓸 수 없다면 도구도 사용할 수 없겠지? 두 손을 자유롭게 쓸 수 있게 된 인류는 이 시대에 주위에서 쉽게 구할 수 있는 나무나 돌로 도구를 만들었어. 특히 돌을 이용해서 여러 가지 도구를 만들었는데 이걸 구석기라고 해. 그래서 이 시대를 구석기 시대라고 하는 거야. 석기 시대는 구석기 시대와 신석기 시대로 나뉘는데, 이건 나중에 이야기해 줄게.

또 다른 중요한 차이는 불을 사용할 수 있게 된 거야. 사람이 불을 사용하기 시작한 것은 약 40~50만 년 전인 호모 에렉투스 때부터라고 해. 그러니까 약 250만 년 동안은 불이 없이 살았던 거야. 불을 사용하게 되면서 사람들은 좀 더 편리한 생활을 하게 되었어. 밤에도 어둡지 않게 생활할 수 있었고, 추위 걱정을 하지 않아도 되

> 야, 조심해서 다뤄. 꺼지면 큰일이야!

었지. 또 무서운 동물들을 쫓을 수 있었으며, 음식물도 익혀 먹게 되었어. 하지만 불을 피우는 방법을 알게 되기까지는 아주 오랜 시간이 걸렸어. 그래서 처음에는 벼락이나 산불같이 자연에서 얻은 불씨를 꺼트리지 않으려고 무척 애를 많이 썼어.

두 손을 이용하여 도구를 만들고 불을 사용하게 된 것. 이것이 사람을 다른 동물과 구별되게 하는 가장 큰 특징이야. 이 두 가지 덕분에 사람은 다른 동물과는 다른 역사를 만들어 가게 된 거란다.

한반도에 처음 살았던 사람들

한반도에 사람이 처음 살기 시작한 것은 약 70만 년 전부터라고 해. 이때부터 약 1만 년 전까지를 구석기 시대라고 하지. 한반도에 처음 나타난 인류는 호모 에렉투스였어. 공주 석장리 유적, 평양 상원 검은모루 동굴 유적,

충청북도 단양에 있는 단양 금굴이야. 상원의 검은모루 동굴과 함께 우리나라의 대표적인 구석기 시대 동굴 유적이야.

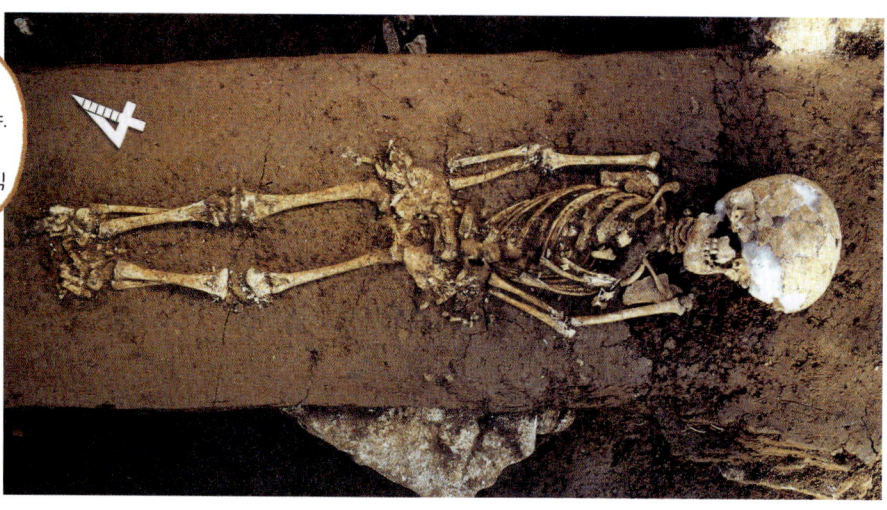

충청북도 청원의 두루봉 동굴에서 발견된 흥수아이의 유골 모습이야. 하지만 구석기 시대의 유골인지에 대해서는 아직 확실하지 않아.

단양 금굴 유적 등에서 그들의 자취를 찾아볼 수 있어. 그중 검은모루 동굴 유적이 가장 오래되었는데, 약 50만 년 전 유적이라고 해.

호모 사피엔스가 살았던 자취로는 평양시 역포 구역 대현동의 동굴 유적이 있어. 여기서는 7~8살 정도 되는 여자아이의 머리뼈 유골이 발견되었어. 이 유골의 주인공은 '역포아이'라고 부르지. 또 현생 인류의 직접적인 조상인 호모 사피엔스 사피엔스가 살았던 자취도 남아 있는데, 충청북도 청원의 두루봉 동굴이 그것이야. 여기서도 5살 정도 된 어린아이의 유골이 발견되었어. 이 아이는 발견한 사람의 이름을 따서 '흥수아이'라고 이름을 붙였어. 그런데 흥수아이가 구석기 시대의 사람이 아니라고 주장하는 학자도 있어. 유골이 너무 완벽한 모습이고, 뼈가 나온 지층이 구석기 시대 지층이 아니라는 거야. 그래서 흥수아이가 구석기 시대 사람인지에 대해서는 아직 확실하지 않아. 이들 유적지에서는 동물이나 사람의 뼈, 여러 가지 뗀석기, 뼈로 만든 도구 등이 발견되었고, 불을 피운 흔적도 남아 있어.

그럼 구석기 시대에 한반도에서 사람들은 어떻게 살았을까?

지금도 마찬가지지만 사람들에게는 배불리 먹을 수 있는 먹을거리와 몸을 보호할 수 있는 옷, 그리고 비바람과 추위를 막을 수 있는 집이 가장 필요했을 거야. 우선 먹을거리가 가장 큰 문제였어. 농사나 목축을 할 줄 몰랐던 그 당시 사람들에게는 먹을거리를 찾는 것이 중요했지. 그래서 먹을 것을 구하느라 애를 많이 썼어. 이곳저곳을 돌아다니며 나무 열매나 풀, 땅속에 있는 뿌리 등 먹을 수 있는 것을 모았어. 이것을 '채집'이라고 해. 하지만 채집도 쉬운 일은 아니었어. 먹을 수 있는 것과 독버섯처럼 먹을 수 없는 것을 구별할 줄 알아야 했거든.

그럼 사람들은 이런 식물만 먹었을까? 그렇지는 않아. 사냥으로 잡은 동물의 고기도 먹었어. 하지만 사냥으로 동물을 잡는 것은 쉬운 일이 아니었어. 사람은 다른 큰 동물에 비해 힘도 약하고 아직 도구가 발달하지 않아서, 사냥을 한다는 것은 아주 위험한 일이었지. 이 때문에 앞(10~11쪽)에서 본 것처럼 사냥하다가 다치거나 죽는 사람이 생겼던 거야. 사냥에 성공하는 경우는 아주 드물었어. 아마도 다른 동물들이 사냥해서 먹다 남은 고기를 가져다 먹는 일이 더 많았을 거야. 하지만 점점 도구가 발달하면서 사냥을 더

이쪽으로 몰아!
돌로 공격할 테니!

잘하게 되었단다.

　사람이 두 발로 걷게 되면서 손을 사용하여 도구를 만들었다고 했지? 사람들은 주위에서 쉽게 구할 수 있는 돌로 도구를 만들었어. 돌을 큰 돌에 내리치면 돌이 깨지면서 깨진 면이 날카롭게 돼. 그 날카로운 돌을 가지고 나무를 베거나 동물의 가죽을 벗기는 데 사용한 거야. 이처럼 처음에는 돌을 단순하게 깨트리거나 떼어 내서 도구로 사용했어. 돌을 떼어 내서 만들었다고 해서 이것을 '뗀석기'라고 해. 반면에 석기를 좀 더 정교하게 갈아서 만든 석기는 '간석기'라고 하지. 뗀석기를 사용한 시기를 구석기 시대, 간석기를 사용한 시기를 신석기 시대라고 한단다. 시간이 지나면서 구석기 사람들은 쓰임새에 맞게 주먹도끼, 찍개, 긁개, 밀개, 찌르개 등의 도구를 만들어 사용했어.

　이 당시의 사람들은 어디에서 살았을까? 바로 동굴이야. 비바람과 추위를 피할 수 있고 사나운 맹수로부터 몸을 지킬 수 있어서 사람들은 동굴에 모여 살았지. 하루 종일 먹을 것을 찾아다니다가 밤이 되면 동굴로 돌아와 음식을 먹고 잠이 들었을 거야. 집을 제대로 짓는 일은 매우 어렵고 힘든 일

여러 가지 뗀석기들의 모습이야.

주먹도끼　찍개　밀개　긁개

이야. 물론 집에서 오래 생활할 수 있다면 힘이 들더라도 집을 지었겠지. 하지만 그럴 수 없었어. 사냥을 하거나 채집을 해서 먹고살아야 하는 구석기 사람들은 끊임없이 이동하면서 살 수밖에 없었거든. 왜냐하면 주위에 사냥감이나 먹을거리가 떨어지면 다시 먹을거리가 많은 곳을 찾아 이동해야 했기 때문이야. 그래서 굳이 집을 지을 필요가 없었던 거란다. 그렇지만 구석기 사람들이 모두 동굴에서만 산 것은 아니었어. 날씨가 따뜻할 때에는 강가에서 살기도 했어. 강가에는 석기를 만들 수 있는 돌이 많고, 물고기를 잡을 수도 있었거든. 물고기 잡이는 사냥보다 덜 위험했지. 이런 곳에서는 동굴 대신 나뭇가지 등으로 막집을 짓고 살았어.

구석기 사람들도 옷을 입었을까? 물론 입었을 거야. 구석기 시대에는 날씨가 추웠어. 또 추위뿐만 아니라 나무나 풀, 돌 등에 긁히거나 다칠 수도 있어. 그래서 동물을 사냥해서 얻은 가죽이나 풀잎으로 옷을 해 입었을 거야. 구석기 사람들이 입던 옷이 발견된 것은 없지만, 가죽을 다듬을 때 쓴 것으로 보이는 유물들이 발견된 것으로 알 수 있단다.

구석기 시대 사람들이 나뭇가지 등으로 지은 막집이야.

구석기 시대 어린아이의 하루

구석기 시대의 동굴 유적에서 어린아이의 유골들이 발견되었다고 했지? 구석기 시대에도 어린아이들은 엄마, 아빠의 보살핌을 받으며 자랐을 거야. 울기도 하고 웃기도 하고 말썽도 부리면서 자랐겠지. 그럼 구석기 시대의 어린이가 되었다고 생각하고, 그 당시의 사람들은 어떻게 살았는지 한번 상상해 볼까?

동굴 가운데 있는 불자리 옆에서 눈을 떴다. 내 옆에는 동생들만 잠들어 있고, 어른들은 이미 동굴 밖에서 하루 일을 시작하고 있다. 동굴 밖에 나가 보니 새벽안개가 강 주위에 자욱하다. 남자 어른들 몇몇은 벌써 사냥 나갈 준비를 하고 있다. 나는 강가에 내려가서 얼굴과 손을 씻고 다시 동굴 앞으로 올라왔다. 동굴 앞 한쪽에 마련된, 석기를 만드는 작업장에서는 아저씨가 석기를 만들고 있다.

아저씨는 솜씨가 좋다. 큰 돌을 깨뜨려 작은 돌조각으로 만들고, 다시 다듬어서 여러 가지 석기를 만든다. 주먹도끼, 밀개, 긁개, 찍개, 찌르개 등 여러 가지 모양의 석기를 보여 주면서 뗀석기 만드는 방법도 알려 주신다. 모루떼기, 직접떼기 등 정말 놀라운 솜씨다. 마지막으로 슴베찌르개를 길고 튼튼한 나뭇가지에 꽂고 나무껍질을 벗겨 만든 끈으로 감아서 창을 만든다. 오늘 사냥에서 사용할 것들이다. 얼마 뒤 아저씨는 석기와 창을 몇 개 챙겨 가지고 다른 아저씨들과 함께 사냥하러 나섰다.

그중 가장 나이 많은 아저씨가 여자 어른들에게 말씀하신다.

"오늘 운이 좋으면 사슴이나 노루를 잡을 수 있을 거야. 오늘 사냥을

많이 하게 되면 아이들 옷을 새로 만들어 줍시다."

 우리는 여자 어른들과 함께 남자들을 배웅하면서 동물을 많이 잡아 오라고 인사했다.

 얼마 뒤에 여자 어른들은 아이들을 깨워 채집 나갈 준비를 했다. 아주 어린아이들을 돌볼 어른 한 명만 남고 모두가 채집을 하러 나섰다. 우리는 나무줄기로 만든 바구니를 들고 동굴에서 그리 멀지 않은 곳으로 갔다. 도토리, 밤, 대추 등 나무 열매를 따고, 칡, 토란, 더덕 등 나무뿌리를 주먹도끼로 캐냈다. 칡을 캐다가 토끼를 발견했지만 잡지는 못했다. 아깝다! 남자들이 사냥에 성공해서 오늘 저녁에 고기를 먹을 수 있으면 좋겠다.

 저녁이 되자 남자 어른들이 사슴을 한 마리 잡아서 돌아왔다. 사냥에서 동물을 잡으면 그 자리에서 긁개로 가죽을 벗겨 내고, 고기는 찍개로 여러 토막으로 나눈다. 또 도구를 만들기 좋은 뼈는 골라서 담는다. 남자 어른들이 사냥해서 갖고 온 고기를 나뭇가지에 꿰어 불에 구웠다. 고소하고 맛있는 고기 냄새에 침이 절로 나온다. 오늘 잡은 사슴 가죽으로는 나와 내 동생들에게 가죽옷을 만들어 준다고 했다. 오늘 저녁은 칡뿌리와 사슴 고기로 모두들 배부르게 먹었다. 우리 동굴에 함께 사는 사람 20여 명 모두가 불 옆에 오순도순 모여 사냥 이야기, 채집 이야기를 하면서 행복한 저녁 시간을 보냈다. 내일도 오늘처럼 먹을거리가 많이 생기면 좋겠다.

생각 넓히기

1 생각해 보기

구석기 시대 사람들은 다음 사진과 같은 동굴에서 주로 살았어. 구석기 시대 사람들이 동굴에서 살았던 이유가 무엇인지 생각해 보자.

_____
_____
_____
_____
_____

2 활동해 보기

다음의 도구 사진을 보고 도구와 관련 있는 그림을 연결해 보자.

슴베찌르개

주먹도끼

밀개

긁개

구석기 시대의 도구, 뗀석기

더 알아보기

　구석기 시대 사람들은 두 발로 걷게 되면서 손을 이용하여 도구를 만들었어. 들판이나 숲속에서 채집을 할 때도 도구가 필요했고, 사냥을 할 때도 무기가 필요했지. 또 사냥한 고기나 채집한 식물을 다듬을 때도 도구가 필요했어. 그래서 주위에서 쉽게 구할 수 있는 돌로 도구를 만들기 시작했어. 처음에는 돌을 그냥 깨트리거나 떼어 내서 도구로 사용했어. 이것을 뗀석기라고 해. 처음에는 찍개나 긁개, 주먹도끼같이 크기가 큰 뗀석기를 사용했어. 아무래도 석기를 만드는 기술이 모자랐기 때문이지. 주먹도끼는 끝이 뾰족하고 손에 쥐는 부분을 제외한 가장자리 전체가 날카로운 도구야. 한 손에 쥐고 쓸 수 있어 주먹도끼라고 하는데, 쓸모가 아주 많았어. 동물을 잡거나 가죽을 벗길 때, 또 땅을 팔 때에도 사용할 수 있었지. 그러다가 작은 뗀석기를 만들어 나무나 뿔과 결합하여 사용했어, 슴베찌르개가 대표적이야. 슴베찌르개는 끝이 날카롭고 뾰족한 작은 뗀석기를

뗀석기 만드는 방법

직접떼기
한 손으로 돌감을 잡고 망칫돌로 때려서 떼어 내는 방법

눌러떼기
날카로운 도구로 돌감을 계속 눌러 정교하게 다듬는 방법

모루떼기
두 손으로 돌감을 잡고 큰 돌(모루)에 내리쳐서 떼어 내는 방법

간접떼기
돌감 위에 뼈나 뿔을 대고 망칫돌로 두드려 떼어 내는 방법

　나무 자루에 끼우고 끈으로 묶어 만든 창 같은 도구야. 동물을 사냥할 때 많이 사용했지.

　이렇게 다양한 뗀석기로 구석기 사람들은 동물을 사냥하고, 사냥한 동물의 가죽을 벗겨 뼈와 고기를 나눌 수 있었어. 또 껍질이 단단한 열매도 깨뜨려 먹을 수 있었지. 그 밖에 나뭇가지를 자르거나 땅을 팔 때에도 뗀석기를 사용했어. 구석기 사람들이 뗀석기만 사용한 것은 아니야. 나무나 단단한 동물의 뼈 등도 다듬어서 도구로 사용했어. 이때 날카로운 뗀석기를 이용하여 나무나 뼈 등을 가공했지. 이처럼 뗀석기는 구석기 사람들에게 없어서는 안 될 중요한 도구였어.

슴베찌르개
날카로운 돌을 나무 자루에 매달아서 사냥할 때 사용했다.

긁개
동물의 가죽을 벗기거나, 나무나 동물의 뼈를 다듬을 때 사용했다.

찍개
동물의 뼈를 찍거나 식물을 잘게 으깰 때 사용했다.

밀개
나무껍질을 벗기거나 동물의 뼈를 깎을 때 사용했다.

주먹도끼
큰 동물을 토막 내고 자를 때 사용한 도구로, 찍는 날과 자르는 날을 다 가지고 있었다.

2장 신석기 시대

여기는 신석기 시대의 어느 마을이야. 사람들이 땅을 파고 나무뿌리를 캐내고 있어.
저쪽에는 불도 났네. 왜 불이 난 걸까?
또 사람들은 지금 무엇을 하고 있는 걸까?

신석기 시대 사람들은 발명왕

 지금부터 약 1만여 년 전 빙하기가 끝나고 날씨가 따뜻해지면서 자연환경이 달라졌어. 그 전까지 우리나라와 중국, 일본은 서로 붙어 있는 큰 땅덩어리였는데, 빙하가 녹아 바닷물의 수위가 올라가면서 지금과 같이 서로 떨어진 땅 모습이 생겨나게 된 거야. 날씨가 따뜻해지면서 바다가 넓어지고 육지에는 강이 많이 생겼어. 바다와 강에 물고기가 늘어났고, 동물과 식물의 모습도 달라졌어. 추운 곳에 사는 침엽수가 줄어들고 따뜻한 기후에서 자라는 활엽수들이 숲을 이루었지. 추운 곳에 사는 동물들은 북쪽으로 이동했고, 대신 따뜻한 기후에 사는 동물들이 나타나기 시작했어. 이제 신석기 시대가 시작된 거야.

 신석기 시대 사람들에게 자랑거리로 내세울 만한 유물을 고르라고 하면 무엇을 고를까? 아마도 틀림없이 간석기와 토기를 고를 거야. 이 두 가지를 구석기 시대 사람들에게 보여 준다면 아마 눈이 휘둥그레질 만큼 깜짝 놀랄 거야. 간석기는 이름 그대로 돌을 갈아서 만든 도구야. 구석기 시대의 뗀석기와 비교하자면, 마치 예전 영화에서나 볼 수 있었던 다이얼 전화기와 요즘의 스마트폰 정도의 차이라고나 할까? 엄청나게 큰 변화라고 할 수 있지. 구석기 시대에 사용한 뗀석기는 처음 만들었을 때는 아주 날카로웠지만 자꾸 사용하면 날이 무디어졌어. 그러면 어떻게 했을까? 아마 뗀석기를 새로 만들었겠지. 그러다가 무뎌진 날을 갈면 다시 날카롭게 만들 수 있다는 것을 깨닫게 되지 않았을까? 아마도 이런 일을 반복하다가 돌을 갈아 간석기 만드는 방법을 깨치게 되었을 거야.

뗀석기는 원하는 모양으로 만들기 어렵지만, 간석기는 갈아서 만들기 때문에 원하는 모양으로 만들기 쉬워. 또 사용하다가 무디어져도 갈아서 다시 날카롭게 만들 수 있지. 그래서 간석기는 여러 가지 형태로, 또 사람들이 사용하기 편리하게 만들어졌어. 그렇지만 간석기가 단지 뗀석기를 갈아서 만든 건 아니야. 뗀석기와는 그 형태가 전혀 다르고, 종류도 훨씬 많이 늘어났어. 왜냐하면 신석기 시대 사람들은 구석기 시대 사람들과 생활 방식이 달랐기 때문에 필요한 도구도 달랐던 거야.

신석기 시대 사람들이 만든 또 다른 발명품은 토기야. 간석기는 돌을 갈아서 만든 도구라고 해도 여전히 돌이었어. 돌의 성질이 바뀐 것은 아니지. 그런데 토기는 흙을 빚어 만들지만, 불에 구워 토기로 만들면 더 이상 그냥 흙이 아니야. 아주 단단해져서 물에 넣어도 흙처럼 풀어지지 않아. 화학적 변화가 일어나서 흙의 성질이 바뀌는 거야. 사람은 자연에서 얻은 재료로 필요한 도구를 만들어 썼는데, 재료를 그대로 사용한 것이 아니라 재료의 성질을 바꾸어 사용한 첫 번째 발명품이 바로 토기야. 오늘날 사용되는 여러 가지 그릇들은, 비록 만드는 방법은 다를지라도 신석기 사람들이 만든 토기에서 비롯된 거야. 토기야말로 신석기 시대 사람들이 만든 가장 혁명적

신석기 시대에 만들어진 여러 가지 간석기들이야. 돌도끼, 돌화살촉, 돌괭이 등의 도구들이 이때 만들어졌어.

인 발명품이라고 할 수 있겠지?

　토기를 사용하면서 액체를 저장하거나 불로 음식을 조리할 수 있게 되었어. 구석기 사람들은 날로 먹거나 불에 구워 먹을 수밖에 없었지만, 토기를 이용하면서 삶거나 찌는 등 여러 가지 조리가 가능해졌지. 그래서 전에는 먹을 수 없었던 식물이나 열매도 먹을 수 있게 되었어. 도토리가 대표적이야. 도토리는 너무 떫어서 그냥 먹기는 힘들지만, 물에 담가 떫은 맛을 없애고 삶으면 맛있게 먹을 수 있거든. 이처럼 많은 식물들을 먹을 수 있게 되면서 사람들은 한곳에 비교적 오랫동안 머물면서 생활할 수 있게 되었단다.

　한반도에 살던 신석기 시대 사람들이 만든 대표적인 토기는 빗살무늬 토기야. 바닥이 뾰족한 모양인데, 토기 겉면에 점과 선으로 빗살 같은 무늬를 새겼기 때문에 빗살무늬 토기라고 하는 거야. 빗살무늬를 넣은 이유는 토기를 불에 구울 때 열이 흙 속까지 잘 전달되도록 하기 위해서야. 그래야 잘 구워져서 깨지지 않거든. 또 빗살무늬를 넣으면 보기에도 좋고, 무늬를 통해서 뭔가 바라는 것도 표시할 수 있었지.

　빗살무늬 토기는 지금부터 약 6500년 전쯤 한반도 중서부 지역을 중심으로 나타났고, 약 5500년 전쯤에는 한반도 전체에 널리 퍼졌다고 해. 빗살무늬 토기는 그릇의 형태와 장식된 문양에 따라 한반도 중서부 지역, 남부 지역, 동부 지역, 서부 지역 등 네 개의 지역으로 나누어 볼 수 있어. 빗살무늬 토기라고 다 똑같은 것은 아니라는 거지. 한반도의 빗살무늬 토기는

암사동에서 발견된 빗살무늬 토기야. 높이가 26cm나 되는 것으로 보아, 곡식을 저장하거나 요리할 때 사용하던 것 같아.

600°~700℃ 정도의 열을 가해 구운 것으로, 땅을 판 구덩이에서 특별한 시설 없이 장작불을 피워 구워 낸 것으로 생각되고 있어. 크기에 따라 가장 큰 것은 독과 같이 저장용으로, 중간 크기는 음식 조리용으로, 작은 것은 식기 등으로 사용되었다고 해.

한반도 신석기 사람들의 생활

자연환경의 변화로 날씨가 따뜻해져 먹을 것이 많아지고 토기의 발명으로 음식의 조리와 저장이 가능해지면서, 신석기 시대 사람들은 한곳에 머물러 살게 되었어. 이 때문에 나타난 중요한 발명이 또 있는데, 그것은 바로 농사와 목축이야. 목축은 가축 기르는 것을 말해. 신석기 사람들은 이제 곡식을 생산하고, 가축을 길러 고기를 얻게 되었지.

농사는 씨 한 톨로 많은 양의 알곡을 얻을 수 있기 때문에 아주 뛰어난 생산 방식이야. 그렇지만 우리나라에서 신석기 시대 처음부터 농사를 지은 것은 아니고, 약 6000년 전 신석기 시대 중기부터 조와 수수, 피 등 밭작물을 재배했어. 처음에는 씨를 뿌릴 때 땅에 그냥 흩뿌렸지만, 뒤지개나 돌보습, 돌괭이, 뿔괭이 등으로 땅을 파거나 구멍을 내서 씨를 뿌리면 곡식이 더 잘 자란다는 것을 알게 되었지. 그래서 앞(26~27쪽)에서 보았던 것처럼 땅에 불을 내서 화전을 만들고, 땅을 파서 씨를 심어 농사를 지은 거야. 그리고 곡식이 다 자라면 돌칼이나 돌낫으로 이삭을 따서 수확을 했어. 수확한 알곡은 갈판과 갈돌로 껍질을 벗기거나 가루를 내어 음식을 만들어 먹었어.

신석기 사람들은 농사를 지으면서 가축도 길렀어. 씨를 뿌리고 난 후에는 수확할 때까지 기다려야 했기 때문에 먼 곳까지 돌아다니며 사냥을 하지 못

신석기 시대에 사용된 여러 가지 농사 도구들이야.

돌보습 / 돌괭이 / 뿔괭이 / 돌도끼 / 갈돌과 갈판

했어. 그래서 신석기 사람들은 새로운 생각을 했지. 동물을 산 채로 잡아 와서 집 주변에 울타리를 치고 키우기 시작한 거야. 제일 먼저 기른 동물은 개와 돼지야. 개는 야생 동물을 사냥할 때 큰 도움이 되었기 때문에 많이 길렀어. 돼지는 추위를 잘 견디고 고기의 양이 많아서 큰 도움이 되었지. 그래서 우리나라 신석기 시대 유적에서는 개와 돼지 뼈가 가장 많이 나온단다.

농사와 목축이 시작되었다고 해서 채집이나 사냥을 그만둔 건 아니야. 새로운 채집 도구와 사냥 도구로 훨씬 발전된 채집과 사냥을 했어. 신석기 사람들이 발명한 새로운 사냥 도구는 활과 돌화살촉을 매단 화살이었어. 구석기 시대에도 창을 던져 동물을 사냥했지만, 활과 화살은 훨씬 더 먼 거리에서 동물을 잡을 수 있는 도구였어. 그래서 작고 날랜 동물들도 잡을 수 있었지.

돌촉

돌화살촉

돌촉을 나무 막대 끝에 매달아 창으로 썼어. 신석기 시대에는 활이 발명되었는데, 돌화살촉을 화살에 매달아 사냥을 했어.

신석기 시대에는 물고기 잡이도 많이 했어. 빙하기가 끝나면서 우리나

라는 3면이 바다로 둘러싸이게 되었고 강도 많이 생겼어. 강과 바다에는 물고기와 해초류 등 먹을거리가 많았지. 그래서 신석기 사람들은 농사짓기에도 좋고 물고기 잡기에도 좋은 바닷가나 강가에 모여 살았어. 물고기 잡이를 위해 만든 발명품도 있어. 바로 낚싯바늘과 그물이야. 동물 뼈를 날카롭게 갈아서 낚싯바늘을 만들어 물고기를 잡았어. 또 한꺼번에 많은 물고기를 잡을 수 있는 그물도 만들었어. 식물에서 실을 뽑아 굵은 끈을 만들고 이를 엮어서 그물을 만들었지. 그물에는 돌로 만든 그물추를 매달아 물속에 가라앉도록 했어. 우리나라 신석기 시대 유적지에서 그물은 발굴되지 않았지만, 그물에 매달았던 그물추는 많이 발굴되었어. 또 동물의 뼈 등으로 만든 작살로도 물고기를 잡았어.

바닷가에 사는 사람들에게는 조개나 굴도 중요한 식량이 되었어. 이들이

그물
돌로 만든 그물추를 매달아 물속에서도 그물이 똑바로 펴지도록 했다.

낚싯바늘
날카로운 미늘은 동물의 뼈로 만들었다. 이를 돌로 만든 대롱과 결합해서 사용했다.

뼈작살
동물의 뼈를 깎아서 만든 작살을 나무에 연결하여 사용했다.

먹고 버린 조개껍질이 쌓인 조개무지가 곳곳에서 발견되었어. 부산 동삼동에서 발견된 조개무지 유적에서는 조개뿐만 아니라 상어, 다랑어 등 여러 물고기들의 뼈가 출토되었

부산 동삼동에서 발견된 조개무지의 모습이야. 사람들이 먹고 버린 조개껍질이 오랫동안 쌓여 만들어진 거란다. 이곳에서 여러 가지 토기나 도구들이 발견되었어.

지. 그런데 다랑어는 먼바다에서 잡히는 물고기이기 때문에, 이미 신석기 시대 사람들이 배를 타고 멀리 나가서 물고기 잡이를 했다는 걸 알 수 있어. 때로는 고래나 물개 같은 바다짐승을 사냥하기도 했어.

신석기 사람들은 옷을 만들기 위해 새로운 도구를 만들었어. 바로 가락바퀴라는 도구야. 신석기 사람들은 주로 삼이나 모시풀을 이용해서 실을 만들었어. 삼의 하얀 속껍실을 물에 불려 빙망이로 두들기면 섬유가 나오는데, 이 섬유를 여러 겹 꼬아 길게 연결해서 실을 만들었어. 이때 가락바퀴를 이용한 거야. 이렇게 만든 실을 엮어서 옷감을 만들고 뼈바늘로 바느질을 하면 근사한 옷이 되었지. 물론 추운 날씨에는 동물의 가죽으로 만든 옷을 입기도 했어. 옷에는 여러 가지 장식 무늬를 넣어 아름답게 보이려고 했어. 신석기 유적에서는 몸을 장식하는 목걸이나 귀걸이, 조개 팔찌, 머리 뒤꽂이 등 여러 가지 장신구들도 나오고 있어. 섬유로 만든 옷을 입고 장신구로 멋을 낸 신석기 사람들을 상상해 보렴.

신석기 사람들은 주로 강가의 평지에 가족 단위로 움집을 짓고 마을을 이루어 살았어. 농사를 짓거나 가축을 기르고 물고기를 잡으면서 한곳에 머물러 살았지. 그래서 움집도 오래 쓸 수 있도록 튼튼하게 지었어. 신석기 시대 후기로 오면 마을 가운데에 큰 움집을 짓고 공동으로 쓰는 도구들을 모아

놓고 같이 일하기도 했고, 함께 모여 마을 일을 의논하기도 했어.

움집 짓는 날

혹시 암사동 선사 주거지라는 곳에 가 본 적이 있니? 그곳에는 움집 10채가 복원되어 있는데, 그중 한 채는 직접 들어가 볼 수도 있어. 그게 바로 신석기 시대에 사람들이 짓고 살았던 움집을 그대로 만들어 놓은 거야. 그럼 움집은 어떻게 만들었을까? 지금부터 6000여 년 전 신석기 시대 어린이가 되어 움집 짓는 모습을 살펴볼까?

내가 사는 마을은 한강 하류에 있는 작은 마을이다. 마을에는 움집 10

암사동 선사 주거지에 있는 움집이야. 10채가 옛날 모습으로 만들어져 있어.

여 채가 옹기종기 모여 있다. 마을 한쪽에서 사람들이 소란스럽게 떠들며 일을 하고 있다. 오늘이 바로 우리 새집을 짓는 날이기 때문이다.

먼저 우리 다섯 가족이 살 수 있는 크기로 평평한 땅바닥에 둥글게 원을 그렸다. 그러고는 마을 어른들 여럿이서 돌괭이를 들고 땅을 파기 시작했다. 그 옆에서는 몇몇 어른들이 어제 뒷동산 숲에서 잘라 온 굵은 나무를 돌도끼로 다듬고 있고, 한쪽에서는 여자 어른들이 강가에서 돌낫으로 잘라 온 갈대와 억새를 끈으로 엮고 있다. 땅을 파던 어른들이 바닥을 평평하게 고르기 시작했다. 땅의 깊이는 내 허리에서 가슴 높이(50~100cm)쯤 되었다. 바닥을 다 고르자 둥근 바닥의 바깥쪽에 네모 모양이 되도록 4곳에 구멍을 파고 굵은 나무 기둥 4개를 똑바로 세웠다. 흔들리지 않게 단단히 기둥을 고정한 뒤에, 4개의 기둥에 수평으로 가로질러 기다란 4개의 나무를 올리고 칡덩굴로 엮었다. 그다음에는 다시 긴 나무를, 가로지른 4개의 나무에 일정한 간격으로 비스듬히 걸쳐 놓았다. 끝으로 가느다란 나뭇가지로, 걸쳐 놓은 나무들을 가로질러 칡덩굴로 묶었다. 이제 집의 뼈대가 다 만들어졌다. 마지막으로 어제 어른들이 엮은 이엉을, 걸쳐 놓은 나무 위에 골고루 씌우고 바람에 날아가지 않게 다시 덩굴로 묶었다. 그리고 한쪽에 문을 내고 나무를 엮어 네모난 모양으로 출입구를 만들었다. 야호! 이제 집이 다 완성됐다!

나는 엄마, 아빠와 함께 집으로 들어갔다. 아빠는 집 한가운데에 바닥을 약간 파고 둥근 모양으로 돌을 둘러놓았다. 이곳이 불을 피우는 자리인 화덕이다. 여기에 불을 피우면 집도 따뜻해지고 음식도 만들어 먹을 수 있다. 또 밤에는 불빛으로 집안이 밝아진다. 엄마는 화덕 근처 바닥에 다시 둥근 구멍을 몇 군데 파고는 그곳에 빗살무늬 토기를 살짝 묻었다. 그리고 살림살이를 집안 구석구석에 정리해 놓았다. 한쪽에는 음식을 담는 토기를 늘어놓고, 그 반대편에는 여러 가지 간석기들을 모아 두었다.

하루 종일 집을 짓느라 고생한 어른들은 오늘 저녁에 모두 함께 새집 지은 것을 축하하기로 했다. 남자 어른들이 그물과 낚싯바늘을 가지고 강가로 가서 물고기를 잡고 기르던 돼지도 잡았다. 여자 어른들은 토기에 모아 둔 도토리를 갈돌로 갈아 가루로 만들었다. 그 가루를 토기에 담아 물을 붓고 죽을 끓였다. 마을 가운데 있는, 보통 집보다 2배는 더 큰 공동 움집에서 온 마을 사람들이 모여 푸짐한 잔치를 벌였다.

생각 넓히기

1 생각해 보기

다음은 신석기 시대에 만들어진 빗살무늬 토기야. 빗살무늬 토기를 보고 다음 질문에 대한 답을 생각해 보자.

① 토기 밑을 뾰족하게 만든 이유는 무엇일까?
_____

② 토기에 무늬를 새겨 넣은 이유는 무엇일까?
_____

③ 토기는 신석기 시대 사람들의 식생활에 어떤 변화를 가져왔을까?
_____

2  활동해 보기

다음은 신석기 시대의 마을 모습을 나타낸 그림이야. 구석기 시대와 달라진 점을 찾아 동그라미를 쳐 보자. 또 이러한 변화가 사람들의 생활 모습을 어떻게 변화시켰는지 상상해서 써 보자.

더 알아보기

신석기 시대의 발명품, 간석기와 토기

신석기 시대 사람들은 돌을 갈아서 만든 도구인 간석기를 사용했어. 처음에는 뗀석기와 간석기가 함께 사용되었어. 간석기도 뗀석기 만드는 방식으로 모습을 만든 뒤에 날을 세우는 부분만 갈아서 만들었지. 뗀석기 만드는 방법이 신석기 시대 초기에도 꾸준히 이어졌던 거야. 그러다가 자르기, 갈기, 구멍뚫기 등의 간석기 만드는 방법이 나오면서 본격적으로 간석기를 사용하게 되었어. 신석기 시대에는 농사와 목축을 하게 되면서 집을 짓거나 밭을 만들기 위해 여러 가지 도구들이 필요했어. 농사를 짓는 데 사용하기 위해 돌괭이, 돌보습, 반달돌칼, 돌낫 등이 만들어졌고, 사냥이나 물고기 잡이를 위해 돌화살촉이나 돌촉, 낚싯바늘, 돌그물추 등이 만들어졌어.

간석기 만드는 방법

자르기
썰개를 이용하여 돌감으로부터 필요한 부분을 잘라낸다.

갈기
잘라 낸 돌감을 숫돌에 갈아 거친 것을 없애고 날 부분을 날카롭게 만든다.

구멍뚫기
날카로운 돌이 달린 축에 활줄을 매어 당기면 회전력이 생기는데, 이 힘을 이용해서 구멍을 뚫는다.

신석기 시대 사람들은 토기도 만들었어. 흙을 빚어 모양을 만들고 이를 구워 토기를 만들었지. 토기를 만들기 전에도 음식을 담는 그릇은 있었을 거야. 구석기 시대에도 식물 줄기를 엮어서 만든 바구니나 짐승의 가죽으로 만든 용기는 있었겠지. 이런 것들에 비하면 토기는 깨지기 쉽고 무거워서 갖고 다니기 어려워. 하지만 토기를 이용하면 곡식을 저장할 수도 있었고, 음식을 끓이거나 삶아 먹을 수도 있었어. 음식을 조리할 수 있는 도구는 토기밖에 없었지. 끓인 음식은 소화도 잘되고 맛도 있어서 신석기 시대 사람들의 식생활에 큰 도움이 되었어. 토기는 흙을 빚어 여러 가지 형태로 만들 수 있어서 용도에 따라 여러 종류의 그릇이 생겨났단다.

토기 만드는 방법

1. 진흙과 물을 섞어 반죽한다.

2. 반죽한 진흙으로 띠 모양을 만들어 쌓아 올린다.

3. 진흙이 마르기 전에 표면을 다듬고 무늬를 새긴다.

4. 그늘에서 말린 뒤 불에 굽는다.

신석기 시대에 만들어진 여러 가지 토기들이야. 빗살무늬 토기뿐만 아니라 덧무늬 토기 등 여러 가지 토기들이 만들어졌어.

3장 청동기 시대와 고조선의 건국

여기는 청동기 시대의 대장간이야. 여러 사람들이 바쁘게 무엇인가를 만들고 있어. 빨갛게 달아오른 화로 같은 것도 보이고, 쇳물을 붓는 것도 보여. 무엇을 만들고 있는 것일까?

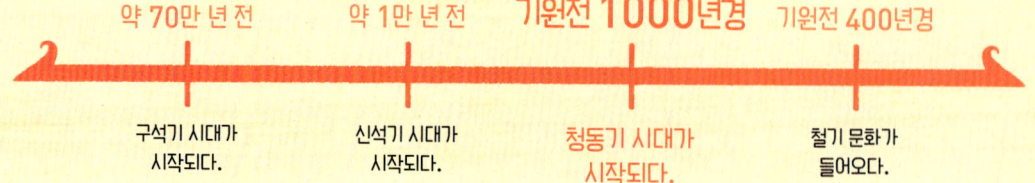

청동기의 발명

간석기와 토기가 신석기 시대 사람들의 발명품이라면, 청동기 시대 사람들의 발명품은 청동이라는 금속으로 만든 청동기야. 청동기는 토기를 만드는 것보다 훨씬 더 어려운 기술이 필요했어. 토기는 흙으로 그릇을 빚어서 불에 구우면 되지만, 청동기는 금속을 포함하고 있는 광석에서 필요한 금속을 뽑아내 만들어야 하거든. 그러기 위해서는 용광로에서 광석을 녹여 금속을 뽑아내고, 뽑아낸 금속을 거푸집에 부어 원하는 형태로 만들어야 해. 이 모든 과정이 토기를 만드는 것보다는 훨씬 더 어려운 기술이야. 청동기 시대 사람들이 처음으로 발견한 금속은 구리였어. 그런데 구리는 너무 물러서 도구를 만들 수 없었어. 그래서 구리에다 주석이나 아연을 섞었더니 단단한 청동이 만들어졌어. 그러니까 금속으로 만들어진 최초의 도구는 청동기라고 할 수 있지. 앞(42~43쪽)에서 보았던 것이 바로 청동기 시대 사람들이 구리를 녹여서 거푸집에 부어 청동기를 만드는 모습이야. 청동기라고 하니까 색깔이 푸른색이라고 생각하겠지만 청동기는 푸른색이 아니야. 녹이 슬었을 때 푸르게 보이는 거야. 원래 색깔은 붉은 구리색인데 천으로 문질러 윤을 내면 반짝반짝 빛이 나지.

인류는 청동기에 이어서 철로 만든 도구인 철기를 만들었어. 철기에 대해서는 다음에 살펴볼 거야. 철기는 다른 금속을 섞지 않고 철로만 만들기 때문에 만들기가 더 간단했어. 그런데 왜 역사에서는 철기 시대보다 청

청동기 만드는 방법

1. 구리와 함께 주석이나 아연을 도가니에 넣고 센 불로 녹인다.

2. 구리와 주석 등이 녹은 청동 쇳물을 거푸집이라는 틀에 붓는다.

3. 거푸집이 식으면 만들어진 청동기를 꺼내서 다듬는다.

동기 시대가 먼저 나타나게 되었을까? 그 이유는 광석을 녹여서 금속을 뽑아낼 때 필요한 불의 온도 때문이야. 구리 광석에서 구리를 뽑아낼 때에는 700°~1000°C 정도의 불이 있으면 되지만, 철을 뽑아낼 때에는 1200°C 이상의 불이 필요해. 700°C 정도의 불은 토기를 굽는 정도의 온도이지만, 1200°C까지 온도를 높이려면 훨씬 발달된 기술이 필요하지. 그래서 철기보다 청동기가 먼저 발명된 거야.

그러면 우리나라에서 청동기 시대는 언제부터 시작되었을까? 만주와 한반도에서 출토되는 청동기 중 오래된 것은 기원전 1500년 이전의 유물도 있어. 간단한 장신구 같은 청동 유물들이 발견되었지. 그래서 기원전 1500년 이전에 청동기 시대가 시작되었다고 볼 수도 있어. 그렇지만 단지 청동기를 만들었다는 것만으로 청동기 시대가 시작되었다고 할 수는 없어. 청동 도구가 사회를 바꾸고 문화를 발전시키게 되어야 진정한 청동기 시대라고 할 수 있을 거야.

신석기 시대에 농사가 시작되고, 시간이 흘러 농사 기술과 도구가 발달하면서 식량을 비롯한 여러 가지 생산물이 늘어났어. 청동기 시대가 되면서 남은 생산물을 둘러싸고 많이 가진 사람과 적게 가진 사람 사이에 차별이 생겨나기 시작했지. 많이 가진 사람들은 경제력을 바탕으로 세력을 키워 다른 사람들을 지배하게 되었어. 청동기 시대의 상징이라 할 수 있는 청동검은 지배 계층만이 가질 수 있었어. 청동기의 재료인 구리가 흔하지 않았기 때문에 누구나 청동검을 가질 수는 없었던 거야. 청동검을 비롯한 청동 무기는 돌로 만든 무기보다 훨씬 단단하고 날카로웠어. 그래서 청동 무기를 가진 집단이 청동 무기가 없는 다른 집단을 정복하는 전쟁이 자주 일어났지. 이런 일이 반복되면서 청동기 시대는 이전의 신석기 시대와 달리 크게 변화했어. 모두가 평등했던 사회에서 지배하는 사람과 지배를 받는 사람으로 나누어진 계급 사회가 된 거야. 이처럼 청동검을 비롯한 여러 가지 청동기들이 만들어져 사회적 변화가 일어나면서, 청동기 시대가 본격적으로 시작됐다고 할 수 있어. 그런 점에서 기원전 1000년경에 나타난 비파형 동검 문화가 우리나라 청동기 시대를 대표한다고 할 수 있지.

청동기 문화와 고조선

우리나라에서 처음 등장한 청동검은 비파형 동검이야. 비파형 동검은 생김새가 비파라는 악기를 닮았기 때문에 붙은 이름이야. 비파형 동검은 그 생김새가, 이웃하고 있는 중국이나 오르도스 지역의 청동검과 전혀 달라. 또 비파형 동검은 몸통과 손잡이,

비파형 동검은 끝이 뾰족하고 몸통 중간은 볼록하게 생겼어. 몸통과 손잡이, 손잡이 장식을 따로 만들어 3개를 조합하여 만들었지. 이에 비해 중국식 동검은 날씬하며 길이가 길고, 몸통과 손잡이가 하나로 이어져 있어.

무늬가 거칠어서 거친무늬 거울이라 불리는 청동 거울이야. 고리가 여러 개 달려 있어.

손잡이 장식을 따로 만들어 3개를 조합하여 만든 것이 특징이야. 이런 것을 볼 때 비파형 동검을 사용했던 사람들은 중국이나 북방과 다른 문화를 이루고 살았다는 것을 알 수 있어. 비파형 동검은 중국 요동 지방과 요서 지방에서 많이 발굴되었어. 한반도 여기저기에서도 나오고 있지만 요동이나 요서 지방에 비하면 드문 편이지. 그렇다고 비파형 동검을 사용한 지역이 모두 하나의 문화권이라는 뜻은 아니야. 문화권이란 공통된 특징의 문화가 나타나는 지역을 말하는 거야. 비파형 동검을 사용한 지역 안에 여러 개의 문화권이 있었고, 그중 하나가 고조선이 중심이 된 문화권이라는 거지.

고조선 문화와 관련된 또 다른 청동기는 청동 거울이야. 청동 거울은 지름 약 10~20cm 정도의 청동판으로, 한 면은 잘 갈아서 거울처럼 만들었고 다른 한 면에는 무늬를 새겼어. 처음에 만든 청동 거울은 무늬가 거칠어서 거친무늬 거울(조문경)

고조선의 문화 범위

- 고조선의 문화 범위
- 비파형 동검
- 미송리식 토기
- 탁자식 고인돌

48

이라고 불렀어. 또 청동 거울에는 고리가 2~3개 달려 있었지. 청동 거울은 햇빛을 받으면 번쩍였는데, 지배자들은 이를 옷에 매달아 자신의 권위를 돋보이게 하는 상징물로 사용했어. 기원전 9~8세기부터 만들어지기 시작한 청동 거울은 요서와 요동, 그리고 한반도에서 발견되고 있어. 그중에서도 요동 지방에서 많이 출토되었지.

평안북도 의주 미송리 동굴에서 처음 발견된 토기라서 미송리식 토기라고 해. 양쪽에 손잡이가 달려 있는 것이 특징이야.

이 밖에 고조선 문화와 관련된 유물로는 미송리식 토기와 탁자식 고인돌이 있어. 미송리식 토기는 달걀 같은 타원형 몸체에 바깥으로 벌어진 높은 주둥이가 얹혀 있는 모습이 특징이야. 그리고 몸체에는 손잡이가 한 쌍 달려 있지. 탁자식 고인돌은 고조선에서 만들었던 지배층의 무덤이야. 이런 것들을 생각하면 비파형 청동검과 청동 거울, 미송리식 토기, 탁자식 고인돌이 공통적으로 나오는 곳을 고조선의 문화권으로 볼 수 있어. 이런 유물들이 공통적으로 발견되는 요동 지방과 한반도 북쪽 지방이 고조선식 청동기 문화가 발달한 지역이라고 할 수 있지. 그리고 비파형 동검 문화는 대략 기원전 10세기부터 나타났어. 그러니까 우리나라 최초의 국가인 고조선은 기원전 10세기 무렵에 요동 지방을 중심으로 생겨났다고 할 수 있을 거야. 그런데 우리가 잘 알고 있는 단군 신화에는 고조선이 기원전 2333년에 건국했다고 나와 있는 걸 아니? 신화와 역사적 사실 사이에 차이가 있는 거야. 그럼 그 차이가 무엇인지 같이 살펴볼까?

단군 신화와 고조선의 건국

고려 말에 일연은 《삼국유사》라는 책을 지었는데, 그 첫머리에 고조선의 건국 신화인 단군 신화가 기록되어 있어. 누구나 잘 아는 내용이지만 다시 한 번 찬찬히 살펴볼까?

옛날에 환인의 아들 환웅이 천하에 뜻을 두어 인간 세상을 다스리고자 하였다. 아버지가 아들의 뜻을 알고 태백산을 내려다보니 인간 세상을 널리 이롭게 할 만하였다(홍익인간). 그래서 하늘의 증표인 천부인 3개를 주어 내려가서 다스리게 하였다. 환웅이 무리 3천을 거느리고 태백산 정상 신단수 밑에 내려와 그곳을 신시라고 이름 지었다. 그가 바로 환웅 천왕이다. 그는 바람, 비, 구름을 다스리는 풍백, 우사, 운사를 거느리고, 곡식, 수명, 질병, 형벌, 선악 등 인간의 360여 가지 일을 주관하며 세상을 다스리고 교화하였다.

이때 곰 한 마리와 호랑이 한 마리가 같은 굴에 살면서 항상 환웅에게 사람이 되도록 해 달라고 빌었다. 이에 환웅은 신령스러운 쑥 한 타래와 마늘 스무 개를 주면서 말했다.

"너희들이 이것을 먹고 100일 동안 햇빛을 보지 않으면 곧 사람의 형

체를 얻을 수 있으리라."

호랑이는 이를 참지 못하고 굴을 뛰쳐나가 사람이 되지 못했으나, 곰은 21일 만에 여자의 몸으로 변하였다. 웅녀는 혼인할 사람이 없었으므로 매일 신단수 아래에서 아기를 갖고 싶다고 빌었다. 환웅이 이에 잠시 사람으로 변하여 그녀와 혼인하여 아들을 낳았으니, 이를 단군왕검이라 하였다.

단군왕검은 평양성을 도읍으로 정하고 나라 이름을 조선이라 하였는데, 이 해는 중국의 요임금이 즉위한 지 50년이 되는 해였다. 그다음에는 도읍을 백악산 아사달로 옮겼고, 1500년 동안 나라를 다스렸다. 그 후 중국 주나라 무왕이 즉위하여 기자를 조선 왕에 봉하니, 단군은 곧 장당경으로 옮겼다가 뒤에 아사달에 돌아와 숨어 산신이 되었다. 나이가 1908세였다고 한다.

어때? 모두 다 실제로 있었던 일이라고 믿을 수 있겠니?

단군 신화의 내용이 모두 역사는 아니야. 현실에서는 결코 있을 수 없는 일들이 신화에는 많이 등장하지. 하늘의 신인 환인이나 그의 아들 환웅, 환웅이 하늘에서 내려온 이야기, 곰이 사람으로 변신한 이야기, 단군왕검이 1500년이나 나라를 다스리고 1908세에 산신이 되었다는 이야기 등등.

하지만 상상의 이야기인 신화 속에는 신화를 만든 사람들의 생각과 생활 모습이 담겨 있어. 그래서 신화 속에서 역사적 사실을 찾아볼 수 있는 거야. 그러면 단군 신화를 통해 고조선 역사의 실마리를 하나씩 풀어 볼까?

먼저 하늘의 신으로 나오는 환인이나 환웅이 의미하는 것은 뭘까? 아마도 스스로를 하늘 신의 자손이라고 주장하는 어떤 집단이 있었을 거야. 그

들은 자기들이 뛰어나다는 점을 과시하기 위해, 우리 집단의 우두머리는 하늘의 자손이며 우리들도 마찬가지라는 것을 알리고 싶었던 거야. 그리스·로마 신화에도 신의 아들이라고 주장하는 왕이나 장군들이 등장하잖아? 이와 마찬가지라고 할 수 있어. 그러면 환웅과 결혼하는 웅녀는 누구일까? 곰을 숭상하는 어떤 집단을 의미하는 것이라고 할 수 있어. 호랑이도 마찬가지이고. 하늘의 자손이라고 주장하는 집단이 곰을 숭상하는 집단과 호랑이를 숭상하는 집단 중에서 곰 부족과 연합하게 되었다고 해석할 수 있어. 그 연합을 통해 큰 나라가 생기고, 그 나라를 다스리는 우두머리가 바로 단군왕검이라는 이야기지. 그리고 단군이 1500년 동안 나라를 다스렸다고 하는 내용도, 실제 단군 한 사람이 그 기간 동안 혼자 왕 노릇을 한 것이라고 보기는 어려워. 단군왕검은 특정한 왕을 가리키는 말이 아니라, 아마도 고조선의 모든 왕을 뜻하는 말이었을 거야. 그러니까 1500년이란 기간은 고조선이 존속했던 기간으로 보는 게 맞는 거지.

 단군 신화는 언제 처음 만들어졌을까? 당연히 고조선 시대에 만들어졌겠지. 그럼 고조선은 단군 신화에서 말한 대로 기원전 2333년에 세워졌을까? 아니야. 이를 그대로 믿으면 안 돼. 국가를 세우려면 청동기 문화가 상당히 발전해야 하는데, 앞에서 보았듯이 비파형 동검 문화는 기원전 10세기 무렵부터 나타났어. 그러니까 고조선이란 나라가 세워진 때는 아무리 올려 잡아도 기원전 10세기 이전으로 넘어가기는 힘들어. 그래서 고조선의 건국 신화인 단군 신화도 그 뒤에 만들어졌다고 보는 게 맞을 거야.

　그러면 단군 신화에서는 왜 중국 요임금 때라고 했을까? 요임금은 중국 전설에 등장하는 훌륭한 임금이야. 아마 우리 역사도 중국 못지않게 오래되었다는 자부심을 나타내기 위해서 그렇게 주장했을 거야. 하지만 오늘날 중국에서도 요임금 때에 국가가 만들어졌다고 주장하지는 않아. 고조선이 오래전에 세워졌다고 해서 우리 역사가 자랑스러운 것은 아니야. 역사가 자랑스럽고 아니고는 세월이 길고 짧은 것이 아니라 어떤 역사를 만들어 왔느냐에 달려 있는 것이니까 말이야.

청동기 시대 사람들은 어떻게 살았을까?

　고조선이 나라를 세우고 발전하던 무렵에 한반도에도 청동기 시대가 열렸어. 청동기 시대가 되었다고 해서 모든 도구를 청동으로 만든 것은 아니야. 주로 청동검 등의 무기나 청동 거울같이 제사 때 쓰는 도구를 청동

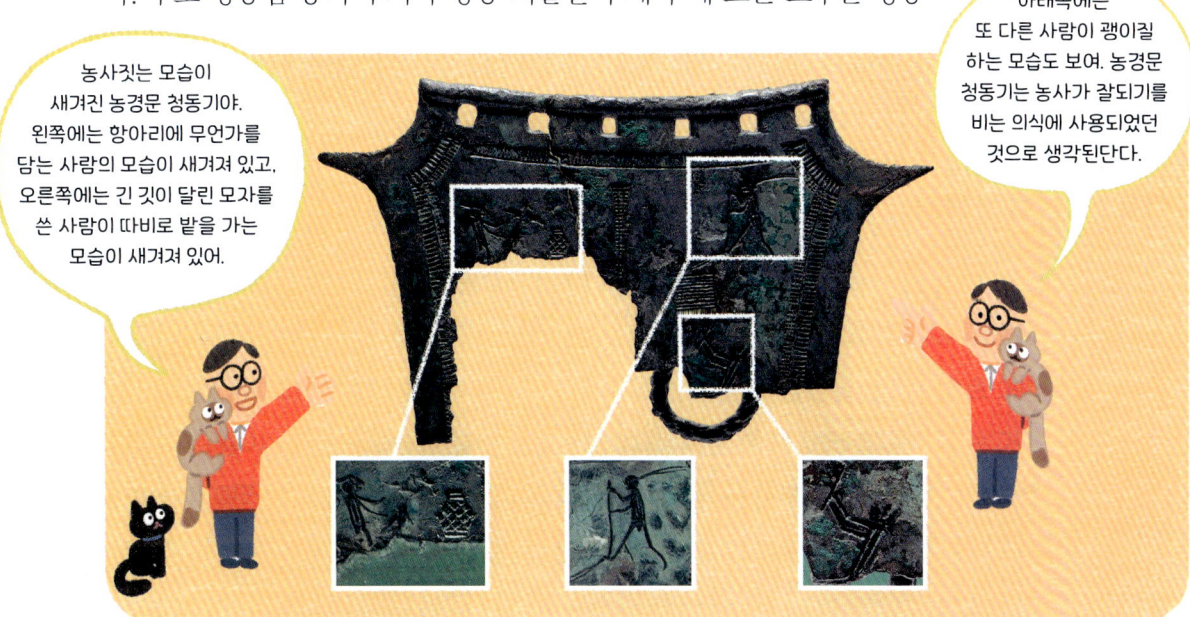

농사짓는 모습이 새겨진 농경문 청동기야. 왼쪽에는 항아리에 무언가를 담는 사람의 모습이 새겨져 있고, 오른쪽에는 긴 깃이 달린 모자를 쓴 사람이 따비로 밭을 가는 모습이 새겨져 있어.

아래쪽에는 또 다른 사람이 괭이질 하는 모습도 보여. 농경문 청동기는 농사가 잘되기를 비는 의식에 사용되었던 것으로 생각된단다.

청동기 시대와 고조선의 건국　53

기로 만들었을 뿐이지. 농사 도구나 생활 도구는 여전히 간석기나 나무로 만든 것을 사용했어. 하지만 간석기라고 해도 신석기 시대보다는 훨씬 종류도 많아지고 잘 다듬어진 형태를 갖추고 있었어.

청동기 시대에는 농경 생활을 하였기 때문에 무엇보다 농사 도구가 많았어. 밭을 가는 돌괭이와 돌보습, 이삭을 따거나 베는 데 사용된 반달 돌칼, 돌낫 등이 있었지. 또 농사를 짓는 데 사용되는 나무 도구를 만들기 위한 간석기도 있었어. 나무를 베거나 다듬는 데 이용되는 도끼, 대팻날, 끌 등이야. 하지만 나무 도구는 썩어서 지금은 거의 남아 있지 않아. 그리고 청동기 시대에는 전쟁이 자주 일어났기 때문에 돌칼이나 돌창, 돌화살촉 같은 무기도 많이 만들었어.

토기도 신석기 시대와는 크게 달라졌어. 청동기 시대에는 토기 겉면에 무늬가 거의 없는 민무늬 토기를 사용했어. 밑바닥이 평평한 원통 모양 토기도 있었고, 밑바닥이 좁은 팽이 모양 토기도 있었어. 민무늬 토기에는 입구에 간단하게 선무늬, 구멍무늬를 새기거나 점토 띠를 덧붙인 것도 있었고, 토기 겉면을 잘 문질러 붉은색이나 검은색을 낸 것도 있었지. 신석기 시대 빗살무늬 토기보다는 좀 더 단단해지고, 종류와 형태도 훨씬 많아졌어.

팽이 모양 토기와 송국리형 토기, 붉은 간 토기야. 모두 토기 겉면에 무늬가 없는 민무늬 토기라는 공통점을 갖고 있어.

팽이 모양 토기 송국리형 토기 붉은 간 토기

청동기 시대에는 농업이 발달하면서 신석기 시대보다 훨씬 규모가 큰 마을을 이루게 되었어. 마을은 주로 낮은 구릉이나 평지에 자리 잡았는데, 외부의 적으로부터 마을을 지키기 위하여 마을 둘레에 커다란 나무 울타리(목책)를 둘러쳤어. 울타리 바깥에는 땅을 파서 도랑을 만들었고, 밖을 감시하기 위해 높은 망루 같은 방어 시설을 만들기도 했어. 나무 울타리 안에 크고 작은 집 수십 채가 모여 있었고, 울타리 밖에는 논과 밭을 일구어 벼, 조, 수수, 콩, 보리 등의 농사를 지었지.

청동기 시대의 집은 신석기 시대와 같이 움집이었어. 하지만 땅을 파는 깊이가 얕아져서 땅 위에 있는 것과 마찬가지였어. 창고나 공동 작업장, 공공 의식 장소로 쓰였던 곳도 있고, 가족들이 사는 주거용 움집도 있었지. 이

울산에 있는 바위 그림인 반구대 암각화야. 반구대 암각화에는 300점이 넘는 그림이 그려져 있어. 단단한 돌 도구로 바위 벽면을 쪼거나 갈아서 새겼지. 사냥과 고기잡이를 하면서 살던 사람들의 생활 모습이 새겨져 있어. 일부 그림은 여러 개의 그림이 겹쳐져 있어서 여러 시기에 걸쳐 새겨진 것으로 보여. 아마 신석기 시대 후기에서부터 철기 시대 초기에 걸쳐 만들어진 것으로 추정된단다.

런 움집은 대개 4~8명 정도의 한 가족이 살기에 적당한 크기였어. 청동기 시대 집터에서는 화덕 자리, 저장 구덩이, 기둥 구멍 등이 발견되는데, 재미있는 점은 신석기 시대의 움집 한가운데 있었던 화덕이 청동기 시대에는 벽 쪽으로 옮겨진 경우가 많다는 거야. 음식을 조리하는 공간과 잠을 자는 공간이 구분되기 시작했다는 것을 알 수 있지.

  청동기 시대에 들어서 지배하는 사람과 지배를 받는 사람으로 나누어진 계급 사회가 되었다고 한 것 기억나니? 농사 기술의 발달로 곡물 생산량이 늘어나고, 이에 따라 경제력을 가진 사람들이 다른 사람을 지배하는 지배 계층이 되었잖아. 이들 지배 계층은 청동제 무기를 갖고, 청동 거울과 같은 제기를 사용하여 제사를 주관했어. 이들이 경제적 부를 독점하면서 권력을 손에 쥐게 되었지. 이 점이 청동기 시대에 나타난 가장 큰 사회적 변화라고 할 수 있단다.

생각 넓히기

 **생각해 보기**

고조선의 건국 신화인 단군 신화를 통해 알 수 있는 것은 무엇인지, 다음 물음에 대한 답을 생각해 보자.

| 하늘의 신으로 나오는 환인이나 환웅이 의미하는 것은 무엇일까? | 환웅이 웅녀와 결혼했다는 것은 무엇을 의미하는 걸까? | 단군이 1500년 동안 나라를 다스렸다는 것은 무엇을 뜻하는 걸까? |

 **활동해 보기**

다음은 신석기 시대에서 철기 시대에 걸쳐 만들어진 바위 그림인 반구대 암각화야. 그림을 보면서 동그라미 안에 그려진 것이 무엇인지 생각하여 써 보자. 또 이런 그림을 새긴 이유가 무엇인지 상상하여 써 보자.

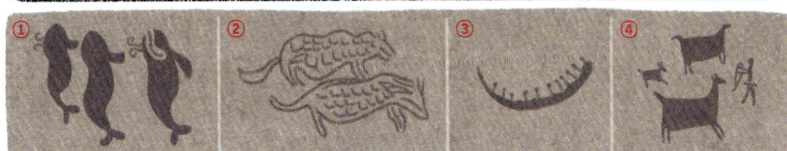

더 알아보기

고인돌

우리나라에서 많이 볼 수 있는 고인돌은 다른 나라에서는 보기 드문 귀중한 문화유산이야. 고인돌은 말 그대로 '돌을 고이고 있는' 모습 때문에 붙여진 이름인데, 청동기 시대에 만들어진 무덤이야. 고인돌은 세계 여러 곳에서 발견되지만, 특히 우리나라에 많아. 지금까지 남한에서 약 3만여 기, 북한에서 약 1만 기에 가까운 고인돌이 발견되었지.

고인돌은 땅 위나 땅 아래에 만든 무덤방 위에 거대한 덮개돌을 얹어서 만들어. 고인돌은 덮개돌의 형태에 따라 크게 '탁자식'과 '바둑판식'(기반식), '개석식'으로 나누어져. 탁자식 고인돌은 먼저 고임돌을 세워 무덤방을 만들고 주검을 놓은 뒤 그 위에 덮개돌을 얹은 거야. 바둑판식 고인돌은 땅 아래에 판석을 세우거나 돌을 쌓아 무덤방을 만들고, 땅 위에 고임돌을 낮게 놓고 그 위에 커다란 덮개돌을 얹었지. 바둑판식 고인돌과 비슷하지만 고임돌 없이 덮개돌만 얹은 것이 개석식 고인돌이야.

탁자식 고인돌

바둑판식 고인돌

개석식 고인돌

고인돌의 덮개돌 무게는 보통 10t 미만이지만 커다란 고인돌은 20~40t에 이르는 것도 있어. 심지어 100t이 넘는 것도 있지.

이렇게 덮개돌이 크고 무겁기 때문에, 고인돌을 만들 때 가장 어려운 것은 덮개돌을 운반하는 일이야. 실험에 의하면 탁자식 고인돌의 경우, 1t의 덮개돌을 약 1.5km 옮기는 데 16~20명이 필요하고, 30여t의 큰 돌을 둥근 통나무와 밧줄로 옮기는 데 200명이 필요하다고 해. 그러니까 수십t에서 100t이 넘는 고인돌을 세우려면 엄청나게 많은 사람이 필요했을 거야. 이렇게 커다란 고인돌이 만들어졌다는 것에서 수백 명을 동원할 수 있는 지배 권력이 등장했다는 사실을 알 수 있지. 고인돌 자체가 권력을 상징하는 무덤이라고 할 수 있어. 탁자식 고인돌은 무덤만이 아니라 제사를 지내는 제단의 역할을 한 것으로 보기도 한단다.

고인돌 만드는 방법

1. 땅을 파고 구덩이에 고임돌을 세운다.
2. 고임돌을 세운 뒤에 주변에 흙을 쌓는다.
3. 통나무를 이용하여 덮개돌을 끌어올린다.
4. 덮개돌을 얹은 다음에 흙을 치운다.

4장 철기 문화와 여러 나라의 성립

여기는 고조선의 수도인 왕검성이야. 전투가 벌어지고 있네.
군인들과 백성들이 성을 지키려고 싸우고 있어. 그런데 어느 나라가 쳐들어온 걸까?
고조선은 나라를 지킬 수 있을까?

질문 있어요!

저기, 궁금한 게 있어요!

무엇이든 물어보세요!

오늘도 한나라 군대를 겨우 물리치고 성을 지켜 냈어요! 근데 한나라는 왜 쳐들어온 걸까요?

내 자리다냥!

거기서 내려오라냥!

고조선이 계속 힘을 키워 세력이 강해지니까, 그걸 막기 위해 쳐들어온 거예요.

고조선

힘들다~!

우리가 성을 지켜 내고 나라를 보존할 수 있을까요?

고조선의 군인들과 백성들은 1년이 넘도록 끈질기게 싸우면서 성을 지켰어. 오랫동안 이어진 고조선의 항전에 한나라도 지쳐 갔지. 하지만 내분이 일어나면서 고조선은 위기를 맞게 된단다.

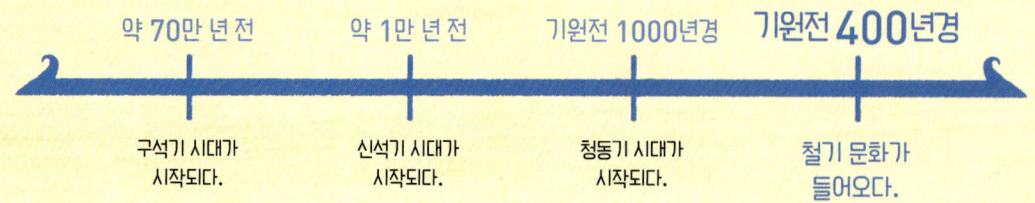

약 70만 년 전	약 1만 년 전	기원전 1000년경	기원전 **400년경**
구석기 시대가 시작되다.	신석기 시대가 시작되다.	청동기 시대가 시작되다.	철기 문화가 들어오다.

철기 문화의 전파

한반도와 고조선에 철기 문화가 들어온 것은 기원전 4~3세기 무렵이야. 중국 연나라의 철기 문화가 고조선에 전해졌지. 대체로 동아시아에서 철기 문화는 중국 대륙에서 시작하여 주변으로 전파되었어. 청동기 시대에는 무기와 제기만 청동으로 만들고 일반 농기구는 여전히 돌과 나무로 만들어 사용했어. 하지만 철기 시대에는 무기는 물론 농기구와 도구를 모두 철로 만들었어. 왜 그랬을까? 우리나라에는 청동을 만드는 재료인 구리가 많지 않았어. 반면에 철광석은 쉽게 구할 수 있었기 때문에, 모든 도구를 철로 만들 수 있었던 거지. 그러나 이 당시에 철기 제작 기술은 굉장히 발달된 기술이었어. 그러니까 철기 시대라고 해도 아무나 철기 제품을 만들 수 있었던 것은 아니야.

철은 장점이 많은 재료야. 철은 청동처럼 무르지 않고, 청동보다 훨씬 날

카롭게 벼릴 수 있어서 무기를 만들기에 적합했어. 또 철은 단단하면서도 쉽게 닳지 않고, 망가져도 쉽게 수리할 수 있어서 농기구나 도구를 만들면 쓸모가 많았지. 철로 칼을 만들게 되면서 길이가 짧은 단검이 아닌 긴 장검도 만들 수 있게 되었고, 단단하고 예리한 무기가 많이 제작되었어. 철제 무기의 발달에 따라 군사력이 커졌고 자연스럽게 정복을 위한 전쟁도 자주 일어났어. 발달된 철제 무기를 가진 자가 정복자가 된 거야. 또한 철제 농기구가 널리 보급되면서 농업 생산도 빠른 속도로 늘어났어. 철제 도끼로 나무를 베고 철제 괭이로 땅을 일구는 것이 가능해져 농토가 늘어났고, 농사에 필요한 물을 공급하는 수리 시설을 짓는 대규모 공사도 가능해졌어.

이렇게 농사짓는 땅이 넓어지고 농업 생산이 늘어나면서 경제적으로 부유한 사람들이 나타났어. 철기를 만들 수 있는 기술자 집단이 그들 중의 하나였어. 중국 등의 이웃나라들과 교역해서 부유해진 사람도 있었지. 또 철제 무기로 무장한 군사들을 거느리고 전쟁에서 승리하면서 세력을 키워 나간 사람도 있었어. 이렇게 경제적으로 부유하며 군사력을 갖춘 사람들이 지배자가 되어 곳곳에서 나라들이 생겨났어.

철기 만드는 방법

1. 높은 온도에서 녹인 쇳물을 거푸집에 넣어서 철제 도구를 만든다.(주조법)

2. 높은 열에 달군 쇳덩어리를 여러 번 두드려 단단한 철제 도구를 만든다.(단조법)

고조선의 흥망과 낙랑군

고조선은 비파형 동검 문화가 발달했던 요동 지방을 중심으로 발전했어. 중국 기록을 보면 기원전 7세기 무렵에 '조선'이라는 이름이 등장해. 바로 고조선을 가리키는 말이야. 그러니까 고조선의 원래 이름은 조선이었어. 《삼국유사》를 쓴 일연이 후에 나타난 위만 조선과 구별하기 위해, '옛 고(古)' 자를 써서 고조선이라고 부른 거야.

기원전 4세기경에 고조선은 중국의 연나라와 겨룰 정도로 힘이 커졌어. 그런데 기원전 280년 무렵에 연나라 장군 진개가 고조선에 쳐들어와 1000리에 걸친 땅을 빼앗았어. 그러자 요동 지방을 잃은 고조선은 중심지를 한반도의 서북부로 옮겼지. 이 무렵에 중국으로부터 철기 문화가 들어왔어. 그러면서 기존에 있던 청동기 문화도 비파형 동검에서 세형동검으로 바뀌었어. 세형동검은 한반도에 널리 퍼졌기 때문에, 한국식 동검이라고도 불러. 세형동검은 비파형 동검과 달리 한반도에서 집중적으로 나타나는데, 그 이유는 세형동검을 사용했던 고조선의 중심지가 요동 지방에서 한반도로 옮겨졌기 때문이야.

그러다가 기원전 194년 무렵에 위만이라는 사람이 전쟁을 피해 무리 천여 명을 이끌고 중국에서 고조선으로 도망쳐 왔어. 당시 고조선의 준왕은 위만에게 서쪽 국경을 막는 임무를 맡겼는데, 위만은 무리를 모아 힘을 키우더니 준왕을 내쫓고 고조선의 왕이 되었지. 그리고 왕검성에 도읍을 정

세형동검은 비파형 동검에 비해 날씬한 모양이야. 대부분 한반도에서 발견되었기 때문에 한국식 동검이라고 불러.

비파형 동검   세형동검

했는데 이곳이 바로 오늘날의 평양 일대야. 위만이 왕이 되었다고 해서 이 때의 고조선을 '위만 조선'이라고 불러.

위만이 왕이 되고 난 후 고조선은 더욱 힘을 키워 주변 지역을 정복했어. 위만의 손자인 우거왕은 주변 여러 나라와 한나라 사이에서 무역을 중계하면서 나라 힘을 키워 갔어. 한나라에 대해서 조금도 굽히지 않았고, 오히려 한나라를 견제하기 위해 흉노라는 북방 유목 민족과 교류했지. 이에 불만을 품은 한나라가 기원전 109년에 5만이 넘는 군사를 동원하여 고조선의 왕검성으로 쳐들어왔어. 고조선은 1년 넘게 맞서 싸웠어. 앞(60~61쪽)에서 보았던 것이 고조선 사람들이 왕검성을 지키기 위해 한나라 군대와 싸우는 모습이야. 하지만 성안에서 항복하는 무리들이 나타나면서 결국 왕검성은 함락되고 말았어. 이렇게 우리 역사 최초의 나라 고조선이 멸망하고 말았단다.

고조선이 멸망한 이후 한나라는 고조선 땅에 낙랑군, 진번군, 임둔군, 현도군이라는 4개의 군을 설치했어. 이를 '한사군'이라고 해. 하지만 고조선 유민들의 저항으로 진번군과 임둔군은 곧 없어지고 현도군은 서쪽으로 쫓겨났지. 낙랑군만이 남아서 400년 정도 유지되었어. 낙랑군은 한반도와 만주에 있는 나라들과 한나라 사이의 교역을 관장하는 역할을 했어. 그래서 왕검성이 있었던 낙랑군 조선현(오늘날 평양)은 상인들이 많은 상업 도시로 발전했어. 지금도 평양 대동강 남쪽 지역에는 낙랑 시대의 무덤이 많이 남아 있어.

낙랑 시대의 유물인 황금 허리띠 고리야. 평양 석암리 9호 무덤에서 나왔지. 용 모양의 화려한 장식이 아름다워.

낙랑군은 비록 한나라가 설치한 군이지만, 지배층 중에서 한나라 사람은 일부 상인이나 관리 정도에 불과했어. 나머지 지배층과 주민 대부분은 원래 이곳에 살던 고조선 주민들이었지. 이들은 오랫동안 같이 지내면서 서로를 차별하기보다는 같은 '낙랑 사람'이라는 의식을 갖게 되었어. 그렇기 때문에 낙랑군을 단순히 한나라의 식민지라고 생각해서는 곤란해. 사실 한반도에서 낙랑군은 중국의 선진 문물을 받아들이는 창구 역할을 했어. 따라서 낙랑군도 우리나라 역사의 일부분으로 생각해야 하는 거야.

한때 크게 번성했던 고조선 사람들의 생활 모습을 살펴볼 수 있는 자료가 있어. 바로 고조선에 있었던 8조 법이야. 지금은 3개 조항만이 중국 역사책 《한서》 지리지에 전해지고 있어.

- 사람을 죽인 자는 사형에 처한다.
- 남을 다치게 한 자는 곡물로 갚는다.
- 남의 물건을 도둑질한 자는 노비로 삼는다. 노비를 면하려면 50만 전의 돈을 내야 한다.

위 조항을 보면 고조선이 어떤 사회였는지 알 수 있어. 우선 첫 번째 조항을 보면 고조선에서는 사람의 목숨을 중요하게 여겼다는 것을 알 수 있어. 두 번째 조항을 통해 개인이 재산을 소유할 수 있는 사유 재산 제도가 있었으며, 농사를 짓는 농경 사회였다는 것을 알 수 있지. 그리고 사람의 노동력을 중시하여 남을 다치게 하면 그만큼 곡물로 배상하게 했다는 것도 알 수 있어. 마지막 조항을 통해서는 계급 사회였음을 알 수 있어. 노비가 있다는 건 계급이 있었다는 뜻이니까 말이야. 그런데 고조선이 멸망하고 낙랑군이

된 이후에는 법 조항이 60여 조로 늘어나고 풍속도 각박해졌다고 해. 그만큼 사회가 복잡해졌다는 뜻이지. 한편으로는 낙랑군을 통치하는 한나라 관리들이 고조선 주민들을 통제하기 위해 법 조항을 많이 늘렸다고도 볼 수 있어.

새로 생겨난 여러 나라

고조선이 세력을 떨치고 있을 무렵 그 주변에서 새로운 나라들이 등장하기 시작했어. 철기 문화를 바탕으로 곳곳에서 나라가 만들어진 거야. 그중 고조선 북쪽에 부여라는 나라가 가장 먼저 등장했어. 언제 나라를 세웠는지 정확하게 알 수 없지만, 아무리 늦어도 기원전 2세기 이전에는 세워졌을 거야. 그 무렵의 중국 역사책인 《사기》에 부여라는 나라 이름이 기록되어 있으니까 말이야. 부여는 오늘날 중국 지린성 일대의 송화강 유역에서 성장했어. 송화강 유역은 평야 지역이라 농경과 목축을 하기에 적합했어. 그래서 부여는 생산물이 풍부했고 인구도 많았지. 그 당시 부여는 고조선 다음으로 세력이 컸어. 3세기 무렵에 부여는 큰 나라로 성장하여 영토가 사방 2천 리에 이르렀어. 기록에 따르면 고구려가 3만 가구의 규모였던데 비해 부여는 8만 가구라고 했으니, 고구려보다 훨씬 컸던 거야.

처음에 부여는 연맹체 국가였어. 연맹체 국가란 여러 세력 집단이 모여서 하나의 나라를 이룬 것을 말해. 그래서 왕은 중앙의 수도 일대를 다스렸고, 사방으로 뻗어 있다는 뜻의 '사출도'라고 불리는 지방에서는 '가'라고 불리는 지배층이 각각 수백 가구에서 수천 가구씩을 다스렸지. 여기서 '가'는 '우두머리'를 뜻하는 말이야. 이 지배층은 각각 마가, 우가, 저가, 구가라고 불렀는데, 마가는 말, 우가는 소, 저가는 돼지, 구가는 개를 뜻해. 부여에서는 목축이 아주 중요했기 때문에 이런 이름이 붙은 거야.

부여는 농경이 주된 산업이었지만 목축도 성행했고, 특히 말이 유명했어. 그래서 농경민이면서도 기마 풍습을 갖고 있어 군사력이 강했지. 부여에서

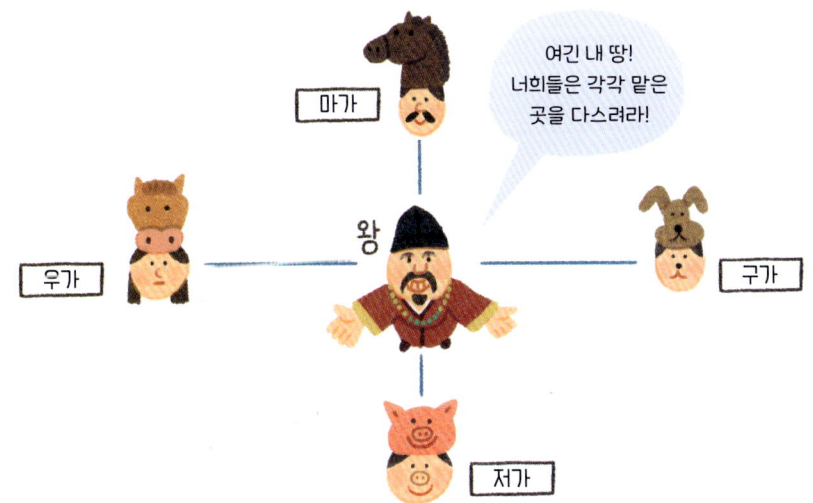

는 전쟁을 하거나 나라의 큰 행사를 치를 때 언제나 먼저 점을 보았어. 소 발굽으로 점을 쳤는데, 소 발굽이 갈라지면 나쁜 뜻으로 합쳐지면 좋은 뜻으로 여겼다고 해.

부여는 형벌이 매우 엄격했어. 남의 물건을 훔친 사람은 그 물건값의 12배에 해당하는 벌금을 내야 하는데, 이를 '1책 12법'이라고 해. 또 사람을 죽인 자는 사형에 처했고 그의 가족도 노비로 삼았어. 이런 것을 보면 부여에도 사유 재산 제도와 노비 제도가 있었음을 알 수 있지.

큰 나라로 발전한 부여도 어려움을 겪기 시작했어. 유목 민족인 선비족의 침입을 받아 수도가 함락되고 1만여 명이 포로로 잡혀가는 일이 있었어. 이때 부여 왕실은 두만강 유역으로 피난을 갔다가 얼마 뒤 돌아와 나라를 다시 세웠지만, 나라 힘이 예전 같지 않았지. 4세기에 들어서는 고구려의 압박에 시달리면서 중심지를 서쪽으로 옮겼다가, 선비족이 세운 전연의 공격을 받아 주민 5만여 명이 포로로 끌려갔어. 쇠약해질 대로 쇠약해진 부여는 겨우 명맥만 유지하다가, 마침내 494년에 고구려에 흡수되어 역사에서 그 이름이 사라져 버렸어.

하지만 부여는 고구려와 백제의 뿌리가 되는 나라야. 고구려의 시조 주몽이 부여에서 나왔고, 백제는 주몽의 아들인 온조가 세운 나라니까 말이야. 실제로 백제는 왕실의 성씨를 '부여'라고 했으며, 6세기 성왕 때에는 나라 이름을 남부여로 바꾸기도 했어.

고조선이 멸망한 뒤 부여의 남쪽에서는 고구려가 새롭게 나타났어. 고구려는 나중에 삼국의 하나로 크게 성장하는 나라야. 고구려에 대해서는 뒤에서 따로 자세히 살펴보도록 할게.

한편 고조선의 동쪽 바닷가에는 동옥저와 동예가 자리 잡고 있었어. 동옥저는 함흥을 중심으로 해안 지역에서 성장하고 있었고, 동예는 오늘날 강원도 지역에 터를 잡고 있었어. 동옥저와 동예 두 나라는 나중에 고구려에 복속되었지. 그렇지만 3세기까지는 독자적인 풍습을 유지하고 정치적 독립성도 어느 정도 갖고 있었어.

고조선의 남쪽, 지금의 한강 아래쪽에서는 진국이라는 나라가 일찍 등장했는데, 이름 외에는 아무 기록이 없어서 어떤 나라였는지 전혀 알 수가 없어. 진국의 뒤를 이어 한반도 중부와 남부 지역에서 등장한 나라는 마한과 진한, 변한이었어. 이들 나라를 합쳐서 삼한이라고 하지. 중국 역사책 《삼국지》에 마한은 55개의 작은 나라들로 이루어져 있고, 변한과 진한은 각각 12개의 작은 나라들로 이루어져 있다고 기록되어 있어. 마한의 작은 나라들은 오늘날의 경기도, 충청도, 전라도 지방에 걸쳐 있었고, 진한과 변한은 대체로 경상도 일대에서 낙동강을 경계로 나뉘어져 있었지.

이렇게 삼한은 80개 정도의 작은 나라들로 이루어져 있었는데, 이들 중에서 가장 큰 나라는 어떤 나라였을까? 삼한 중에서 가장 힘이 센 마한, 그중에서도 마한을 대표했던 나라가 목지국이야. 목지국은 지금의 충남 천안 지역에 있었는데, 일찍부터 삼한의 우두머리 역할을 했어. 그다음에 새로운 강자로 떠오른 나라가 한강 유역의 백제야. 목지국과 백제 정도가 1만여 가구의 규모를 자랑하는 큰 나라에 해당될 거야. 변한에서는 김해 지역에 자리 잡은 구야국, 진한에서는 경주에 터전을 잡은 사로국이 4~5천 가구에 이르는 큰 나라였지.

철기 문화가 들어오면서 부여와 고구려, 동옥저와 동예, 마한, 진한, 변한 등이 세워졌어. 그중 가장 선진적인 부여와 고구려가 먼저 큰 나라로 발전했고, 동옥저와 동예, 마한, 진한, 변한도 발전을 준비하고 있었지. 그중에서 삼한은 백제와 신라, 가야로 이어졌어. 마한은 백제에 의해 통합되었고, 진한은 사로국 즉 신라에 의해 통합되었어. 변한은 여러 소국들이 각각 독립 국가를 유지하면서 김해의 구야국(금관가야)을 중심으로 연맹체를 만들었어. 고구려를 제외하고 삼국 시대의 주인공인 백제, 신라, 가야는 이렇게 삼한에서 일어나 발전한 나라들이야.

농경 생활과 제천 행사

철기 문화를 바탕으로 성장한 여러 나라들은 모두 농사가 기본적인 산업이었어. 다만 각 나라들의 지리적 환경에 따라 조금씩 달랐지. 북방의 유목 민족들 가까이에 위치한 부여에서는 목축도 중요한 산업이었고, 바닷가에 위치한 동옥저와 동예에서는 고기잡이가 활발했어. 압록강 중상류 지역에 위치한 고구려는 산지가 많고 농토가 부족하여, 동옥저나 동예를 정복해서 부족한 물자를 보충해야만 했어. 이처럼 북쪽에 있던 나라들은 보리, 조, 콩, 기장 등의 농사를 지었어. 이와 달리 기후가 따뜻하고 물이 풍부한 삼한 지역에서는 벼농사가 발달했지.

그런데 농사를 지으려면 가장 필요한 게 뭘까? 바로 햇빛과 물이야. 즉 해가 잘 내리쬐고, 또 비가 적절하게 내려서 물이 부족하지 않아야 농사가 잘되는 법이지. 그래서 농경 생활을 하는 사람들은 해와 비를 내려 주는 하늘을 섬기지 않을 수 없었어. 이는 우리나라만이 아니라 세계 모든 나라에 다 공통된 거야.

이 때문에 부여에서 삼한에 이르기까지 하늘에 제사를 지내는 제천 행사가 해마다 성대하게 치러졌어. 부여에서는 영고, 고구려에서는 동맹, 동예에서는 무천이라고 부르는 제천 행사를 열었지. 삼한에서도 나라마다 제천 행사를 열었는데, 정치적 지배자와 별도로 하늘에 대한 제사를 주관하는 사람을 '천군'이라고 불렀어. 천군은 소도라고 불리는 신성한 구역을 따로 다스렸어.

이들 제천 행사는 한 해 농사가 잘되게 해 준 하늘에 감사하는 뜻을 전하는 의미로 대개 10월에 지냈어. 삼한에서는 5월에 씨를 뿌리는 파종 제사를 따로 지냈다고 해. 벼농사가 발달한 삼한에만 있는 행사라고 볼 수 있지. 그런데 부여의 영고만은 12월에 지냈어. 아마도 12월이 본격적인 사냥철이 시작되는 때이기 때문에, 사냥이 잘되기를 기원하는 마음에서 그때 지낸 것 같아. 부여의 경우에 왕 아래에 마가, 우가, 구가, 저가

옛날 사람들이 자신의 소망을 하늘에 전달하기 위해, 새 모양을 새겨 긴 장대에 매달아 놓은 솟대야. 솟대는 삼한의 소도에 있었는데, 이곳이 신성한 구역임을 표시했다고 해.

라는 벼슬이 있었음을 보면, 목축이나 사냥이 매우 중요했음을 알 수 있지.

제천 행사 기간 중에는 밤낮으로 노래하며 춤을 추고 마음껏 즐겼는데, 이는 나라 안의 사람들끼리 서로 소통하고 단결하는 의미를 갖고 있어. 부여에서는 이때 옥에 갇힌 죄수를 풀어 주었다고 해. 또 제천 행사 동안 여러 날 먹고 마시고 즐기기 위해서는 많은 재물이 필요했을 테니, 지배자와 부자들이 사람들과 함께 재물을 나누는 그런 의미도 갖고 있었어.

행사 기간 중에는 하늘을 기쁘게 하기 위한 의식도 치렀는데, 이때 하늘을 찬양하는 노래나 연극, 또는 건국 설화 등이 공연되었어. 고구려에서는 제천 행사에서 시조인 주몽을 모시는 제사를 지내기도 했어. 이처럼 제천 행사는 종교 의례이면서 한편으로는 사회의 단결도 도모하는 종합적인 행사라고 할 수 있어.

생각 넓히기

1  생각해 보기

다음은 고조선에 있었던 8조 법의 내용이야. 다음을 보고 알 수 있는 고조선 사회의 모습을 생각해 보자.

- 사람을 죽인 자는 사형에 처한다.
- 남을 다치게 한 자는 곡물로 갚는다.
- 남의 물건을 도둑질한 자는 노비로 삼는다. 노비를 면하려면 50만 전의 돈을 내야 한다.

_____

_____

2 활동해 보기

다음은 철기 문화를 바탕으로 한반도와 그 주변 지역에 세워진 나라들이야. 그림을 보고 각 나라의 이름을 써 보자.

5장 삼국과 가야의 건국 신화

여기는 백두산 위쪽에 있는 부여라는 나라야. 사람들이 말을 타고 강을 건너고 있네.
그런데 강을 건너는 사람들이 다리가 아니라 물고기와 자라를 밟고 건너가고 있어.
이게 어떻게 된 일일까? 또 저 사람들은 누구일까?

건국 신화에서 알 수 있는 것은 무엇일까?

고조선 다음에 생겨난 여러 나라 중에서 고구려, 백제, 신라가 다른 나라들을 제치고 큰 나라로 성장했어. 이 세 나라가 활동하던 시기를 삼국 시대라고 해. 삼국은 서로 경쟁하기도 하고 돕기도 하면서 큰 나라로 발전해 나갔지. 그런데 삼국 시대에는 세 나라뿐만 아니라 가야라는 나라도 있었어. 그런데 왜 사국이 아니라 삼국 시대라고 할까? 그건 가야가 통일된 나라가 되기 전에 신라에 정복되었기 때문이야. 끝까지 남아서 서로 경쟁한 것은 고구려, 백제, 신라의 세 나라였기 때문에 삼국 시대라고 하는 거야.

《삼국사기》 등 우리나라 역사책에 따르면 고구려, 백제, 신라, 가야에는 각각 나라를 세운 건국 시조에 대한 신비로운 이야기가 전해지고 있어. 현실에서는 결코 일어날 수 없는 일들이지. 하지만 단군 신화에서 살펴보았듯이 건국 신화 속에는 역사적 사실에 대한 실마리가 숨어 있어. 그것을 통해 그 당시 사람들의 생각과 생활 모습을 찾아볼 수 있단다.

그럼 먼저 고구려의 건국 신화부터 살펴볼까?

고구려의 시조 동명 성왕

고구려의 시조인 동명 성왕은 성이 고씨이고 이름이 주몽이다. 주몽의 어머니는 강의 신 하백의 딸 유화였다. 어느 날 유화가 강가에서 놀다가 하늘 신(천제)의 아들인 해모수와 만나 혼인을 하였다. 그 뒤 해모수는 하늘로 올라가고, 이 사실을 안 하백은 화가 나서 유화를 쫓아냈다. 마침 그곳을 지나가던 부여의 금와왕이 유화를 거두어 궁궐에서 살게 했다. 하루는 햇빛이 유화의 몸을 비추더니, 유화가 임신을 하여 알을 낳았다. 금와왕은 알을 개, 돼지에게 주었으나 먹지 않았고, 길 가운데에 버렸으나 소나 말이 피하였다. 들판에 버렸더니 새가 날개로 덮어 주었다. 신기하게 생각한 금와왕은 알을 유화에게 돌려주었다. 유화가 알을 따뜻한 곳에 두었더니, 마침내 한 사내아이가 껍질을 깨고 나왔다. 아이는 몸집이 크고 외모가 빼어났다. 나이 일곱 살에 스스로 활과 화살을 만들어 쏘았는데 백발백중이었다. 그래서 아이 이름을 주몽이라고 했다. 부여 말로 주몽이란 '활을 잘 쏜다'는 뜻이었다.

금와왕에게는 일곱 아들이 있어서 주몽과 함께 자랐는데, 모두 주몽에 미치지 못하였다. 그래서 왕자와 신하들이 주몽을 시기하고 해치려고 하였다. 이를 눈치챈 유화 부인이 주몽에게 이곳을 떠나 큰 뜻을 이루라고 말했다. 주몽은 세 사람의 벗과 함께 부여를 떠났다. 커다란 강에 이르러

건너려 하였으나 다리가 없었다. 뒤에는 부여의 일곱 왕자와 군사들이 쫓아오고 있었다. 주몽이 강가에 서서 "나는 하늘 신의 손자요, 하백의 외손자다. 오늘 강을 건너려고 한다."라고 소리쳤다. 그러자 물고기와 자라가 떠올라 다리를 만들어 주어 주몽은 강을 무사히 건널 수 있었다. 곧 물고기와 자라가 흩어져 부여 군사들은 더 이상 뒤쫓을 수 없었다. 계속 길을 재촉한 주몽은 모둔곡에 이르러 세 사람을 만났다. 주몽은 "내가 나라를 세우려고 하는데, 하늘이 어진 사람 셋을 내게 보내 주셨다."라고 하며 기뻐하였다. 주몽은 그들과 함께 졸본 땅에 이르러 그곳을 도읍으로 삼고 나라를 세워 왕이 되었다. 나라 이름을 고구려라 했고 고씨를 성으로 삼았다. 이때 주몽의 나이가 22세였다.

위에 나온 주몽 이야기는 다들 잘 알고 있지? 짧은 이야기지만 어기에는 고구려 건국 신화의 여러 가지 특징이 담겨 있어. 먼저 주몽의 아버지와 어머니는 누구였지? 아버지는 하늘 신의 아들인 해모수, 어머니는 강의 신 하백의 딸이야. 아버지인 해모수는 태양을 뜻하는 신이고, 외할아버지 하백은 강을 다스리는 신이야. 태양과

> 고구려의 첫 도읍인 졸본에 있는 오녀산성이야. 높은 절벽 위에 넓은 터와 우물이 있어서, 적의 공격으로부터 성을 지키기에 좋았다고 해.

물은 농사를 지을 때 꼭 필요해. 그래서 세계 어느 곳에서나 농경 사회에서 가장 널리 섬기는 신이 태양신과 강의 신이야. 주몽이 가장 중요한 두 신의 혈통을 이어받고 태어난 특별한 인물이라는 걸 보여 주는 거야. 이처럼 특별한 인물이었기 때문에, 앞(76~77쪽)에서 본 것처럼 강을 건너지 못하는 위기에서 물고기와 자라가 다리를 만들어 주었다는 거지. 주몽이 알에서 태어났다는 것도 보통 사람들과 다른 신비스러운 인물이라는 점을 강조하는 거야. 둥근 알은 곧 둥근 해를 상징하기도 하거든. 또 주몽은 보통 사람들과 많이 달랐어. 겨우 나이 일곱 살에 활을 쏘면 백발백중 맞추었으니까 말이야. 이 이야기들은 시조인 주몽이 아주 특별한 인물임을 보여 주려는 건국 신화의 특징을 나타내고 있어.

이번에는 고조선의 건국 신화인 단군 신화와 비교해서 살펴볼까?

하늘 신 환인의 아들인 환웅과 웅녀 사이에서 태어난 단군은 곧바로 사람들에게 떠받들어져 고조선의 왕이 되었어. 주몽도 단군 못지않은 훌륭한 혈통을 갖고 태어났지만, 왕으로 받들어지기는커녕 부여의 왕자들에게 죽을 뻔했어. 또 부여에서 도망친 후 병사들에게 쫓기는 등 온갖 어려움을 겪어야 했지. 이렇게 보면 주몽은 신비스러운 출생만으로 왕이 된 것이 아니라, 스스로 운명을 개척해서 자신의 능력으로 나라를 세우고 왕이 된 거야. 이런 신화를 영웅 신화라고 해. 주몽 건국 신화가 갖는 또 다른 특징이지.

그리고 주몽은 태어난 곳에서 왕이 된 것이 아니라, 다른 곳으로 이주하여 나라를 세웠어. 이런 신화를 이주민 신화라고 해. 부여에서 태어나 졸본 땅으로 이주하여 고구려를 세웠으니, 고구려는 부여에서 갈라져 나왔다는 걸 알 수 있어. 이렇게 찬찬히 살펴보면 신화에서 여러 가지 역사적 사실들을 찾아낼 수 있단다. 백제의 건국 신화에서도 고구려의 건국 신화와 비슷

한 모습을 찾아볼 수 있어.

백제의 시조 온조왕

　백제의 시조인 온조왕은 주몽의 아들이다. 주몽은 고구려를 세운 뒤에 결혼하여 두 아들을 두었는데, 맏아들은 비류라 했고 둘째 아들은 온조라 했다. 그런데 주몽이 부여에 있을 때 낳은 아들인 유리가 아버지를 찾아 고구려로 왔고, 주몽은 유리를 태자로 삼았다. 비류와 온조는 왕이 될 수 없다고 생각하여 신하와 백성들을 거느리고 남쪽으로 내려왔다. 한산(서울)에 이르러 부아악이라는 산에 올라가 주위를 살펴보자, 신하들이 비류와 온조에게 말하였다.

　"한강 남쪽의 땅은, 북쪽으로는 한강이 있고 남쪽으로는 기름진 벌판이 있으며 서쪽으로는 큰 바다가 있습니다. 저곳에 도읍을 세우는 것이 좋겠습니다."

그러나 비류는 이 말을 듣지 않고 백성을 나누어 미추홀(인천)로 가서 미추홀을 도읍으로 삼아 나라를 세웠다. 온조는 신하들의 말에 따라 한강 남쪽 위례에 도읍을 정하고 나라를 세웠다. 그런데 미추홀은 땅이 습하고 물이 짜서 백성들이 살기 어려웠다. 비류는 후회하다가 죽었고, 비류의 신하와 백성들은 모두 온조에게 돌아왔다. 온조는 나라 이름을 백제라 하였고, 자기들도 고구려와 마찬가지로 부여에서 갈라져 나왔다고 생각하여 성을 부여씨라고 하였다.

위의 백제 건국 신화에 따르면 건국 시조는 온조와 비류 두 사람이고, 이들 형제의 아버지는 고구려의 건국 시조인 주몽이야. 그러면 정말 백제를 세운 온조와 비류가 주몽의 아들이었을까? 위 이야기가 신화라는 점을 생각하면 온조와 비류가 주몽의 아들인지는 확실하지 않아. 다만 백제를 세운 사람들이 고구려에서 갈라져 나온 사람들이라는 건 짐작할 수 있지. 실제로 백제 왕의 무덤으로 보이는 서울 강동구 석촌동에 있는 무덤들이 고구려의 장군총과 비슷한 모습이라는 것을 봐도, 백제가 고구려에서 나왔다는 것을 알 수 있어.

백제 건국 신화를 고구려 건국 신화와 비교해서 살펴볼까?

온조와 비류는 스스로 하늘의 자손이라고 내세우지 않아. 물론 하늘 신의 자손인 주몽의 아들이기 때문에 신의 혈통을 이어받은 것은 분명해. 그렇지만 단군이나 주몽처럼 스스로 하늘의 혈통을 이어받았다고 하지는 않아. 그런 점에서 주몽 신화와 차이가 있지. 한편 자신이 태어난 곳에 나라를 세

고구려의 무덤인 장군총(왼쪽)과 백제의 무덤인 석촌동 3호분(오른쪽)의 모습이야. 서로 비슷하게 생긴 것 같지 않니?

우고 왕이 된 것이 아니라 멀리 이주하여 나라를 세웠기 때문에, 주몽 신화와 마찬가지로 이주민 신화로 볼 수 있어. 또한 힘든 여정을 거쳐 스스로 운명을 개척하고 나라를 세웠다는 점에서 영웅 신화의 특징을 갖고 있는 것도 주몽 신화와 같은 점이지.

그런데 왜 건국 시조가 온조와 비류 두 사람일까? 정말 두 사람은 형제였을까? 그럴 수도 있지만 비류는 미추홀에 도읍을 정하고 온조는 위례에 도읍을 정했다는 것을 보면, 서로 다른 두 나라의 건국 시조라고 생각하는 게 맞을 것 같아. 비류가 죽고 난 뒤에 온조가 미추홀 백성까지 거느리게 된 것은, 어느 시기에 위례 세력이 미추홀 세력을 합치게 된 역사가 신화 속에 녹아든 것으로 볼 수 있을 거야. 그렇다면 백제 건국 신화의 진정한 주인공은 온조인 셈이지.

이처럼 고구려와 백제의 건국 신화는 공통점과 차이점을 갖고 있어. 그런데 삼국 중 하나인 신라의 건국 신화는 고구려나 백제의 건국 신화와 많이 달라. 서로 비교해서 살펴보면 재미있을 거야.

신라의 건국 시조 혁거세왕

서라벌(경주)에 사람들이 여섯 마을을 이루어 살고 있었는데, 이를 사로국이라고 불렀다. 여섯 마을의 촌장들이 모여 덕이 있는 사람을 찾아 임금으로 모시고자 하였다. 이들이 높은 곳에 올라가 남쪽 양산 기슭을 바라보니 신비한 기운이 번개처럼 땅으로 뻗어 있고, 나정이란 우물 옆 숲에서 말이 무릎을 꿇고 앉아 울고 있었다. 모두들 놀라 우물에 가 보니 흰 말이 길게 울음소리를 내며 하늘로 올라갔고, 그 자리에 보랏빛 알 하나가 놓여 있었다. 알을 쪼개니 아름다운 사내아이가 나왔다. 아이를 목욕시키니 몸에서 광채가 났다. 새와 짐승들도 나타나 춤을 추었고, 땅과 하늘이 진동하였으며 해와 달이 밝게 빛났다. 그래서 사람들이 아이의 이름을 혁거세라고 지었는데, 혁거세란 '세상을 밝게 한다'는 뜻이다.

사람들이 기뻐하며 말했다.

"하늘의 아들을 모셨으니 덕이 있는 사람을 찾아 짝을 지어 줍시다."

마침 이날 알영정이란 우물가에 용이 나타나 오른쪽 옆구리에서 여자아이를 낳았다. 우물의 이름을 따서 이름을 알영이라고 지었는데, 생김새가 곱고 아름다웠다. 남산 서쪽에 궁궐을 짓고 두 아이를 모셔다 길렀다. 두 아이가 열세 살이 되자 왕과 왕비로 모셨다. 이에 나라 이름을 서라벌이라고 하였고, 혁거세는 박같이 생긴 알에서 태어났기에 성을 박씨라고 하였다.

혁거세 신화도 찬찬히 살펴보자. 혁거세에게는 아버

지와 어머니가 따로 없지만 하늘에서 내려온 알에서 태어났어. 알을 보호하던 흰 말이 하늘로 올라갔다는 이야기에서 이 알도 하늘이 내려 준 것임을 알 수 있지. 그러니까 혁거세 역시 하늘의 자손이라고 할 수 있어. 알에서 태어났다는 점에서는 주몽 신화와 비슷해. 혁거세의 부인 알영 역시 용의 옆구리에서 태어났으니 신비로운 출생이야. 용은 신화 속 동물로서 비구름이나 물을 다스리는 신비스러운 동물이야. 우물가에서 용의 옆구리를 통해 태어난 알영은 물을 다스리는 힘을 갖는 인물이라고 할 수 있겠지. 주몽 신화의 유화 부인과 비슷하다고 볼 수 있어. 그래서 알영은 혁거세의 부인이 될 수 있었던 거야. 이렇게 혁거세 신화에는 건국 시조와 그 부인에 대한 신비한 이야기가 같이 있다는 점이 주몽이나 온조 신화와 달라. 그 대신 주몽이나 온조 신화에는 건국 시조의 부모가 등장하지.

하늘에서 내려온 혁거세와 알영은 태어나서 곧 사람들에 의해 왕과 왕비로 받들어졌어. 그런 점에서 스스로 운명을 개척하고 나라를 세운 주몽이나 온조의 영웅 신화와는 다르지. 또 혁거세는 태어난 곳에서 왕이 되었다는 점에서 이주민 신화인 주몽이나 온조 신화와 차이가 있어. 이런 점을 보면

박혁거세가 태어난 나정이란 우물이 있었던 자리야. 경주에 있어.

혁거세 신화는 하늘의 자손이라고 해서 왕으로 받들어진 단군 신화와 서로 통하는 면이 있어. 이처럼 혁거세 신화는 주몽이나 온조 신화와 공통점도 있지만 차이점이 더 많아. 그리고 신라는 처음에 나라 이름을 서라벌이라고 했지만 나중에 신라라고 바꾸었어.

신라에는 혁거세 말고도 석탈해와 김알지라는 또 다른 시조가 있어. 이 둘의 신화도 함께 살펴보아야 신라 건국 신화를 제대로 알 수 있어.

석탈해와 김알지 시조 신화

석탈해는 본래 다파나국이란 나라에서 태어났는데, 그 나라는 왜국 동북쪽 1천 리 되는 곳에 있었다. 다파나국 왕이 여국 왕의 딸을 아내로 맞아들였는데, 임신한 지 7년이 되어 큰 알을 낳았다. 왕은 사람이 알을 낳았으니 기이하다며 알을 버리라고 했지만, 왕비는 차마 버리지 못하고 비단으로 알을 싸서 보물과 함께 상자 속에 넣어 바다에 띄워 보냈다. 상자가 처음에 금관국 바닷가에 이르렀는데 금관국 사람들이 괴이하게 여겨서 거두지 않았다. 다시 상자는 신라의 아진포 어구에 다다랐다. 이때는 시조 혁거세가 왕위에 오른 지 39년째 되는 해이다. 바닷가에 살던 할머니가 상자를 열어 보니 작은 아기가 하나 있어 거두어 길렀다. 아이가 자라자 키가 아홉 자나 되고, 모습이 빼어나고 환했으며 지식이 남보다 뛰어났다. 2대 왕인 남해왕은 탈해가 어질다는 소문을 듣고 딸을 탈해에게 시집보내고, 높은 벼슬을 주어 나랏일을 맡겼다. 3대 유리왕이 죽으면서 왕위를 탈해에게 물려주라고 하여 탈해가 4번째 왕에 올랐다.

왕위에 오른 지 9년째 되던 해 3월에 탈해는 밤에 금성 서쪽 시림이라

는 숲에서 닭 우는 소리를 들었다. 날이 새기를 기다려 살펴보았더니, 금빛이 나는 조그만 궤짝이 나뭇가지에 걸려 있고 흰 닭이 그 아래에서 울고 있었다. 궤짝을 가져와 열어 보았더니 조그만 사내아기가 그 속에 있었는데, 그 모습이 기이하고 컸다. 왕이 기뻐하며 하늘이 나에게 귀한 아들을 준 것이라고 하면서 거두어 길렀는데, 자라면서 총명하고 지략이 많았다. 하늘에서 내려 준 아이라는 뜻으로 이름을 알지라 하였고, 금 궤짝에서 나왔기 때문에 성을 김씨라고 하였다. 김알지가 발견된 시림이란 숲의 이름도 닭이 우는 소리가 났다 하여 계림으로 바꿨다.

신라에서는 다른 나라와 달리 박씨, 석씨, 김씨가 번갈아 가며 왕이 되었어. 박혁거세가 박씨 왕실의 시조이고 석탈해는 석씨 왕실의 시조, 김알지가 김씨 왕실의 시조인 거지. 박씨인 유리왕의 뒤를 이어 석씨인 석탈해가 처음으로 석씨 임금이 되었어.

석탈해의 탄생을 보면 석탈해도 알에서 태어났는데 이 점은 혁거세나 주몽 신화와 같아. 석탈해는 태어난 곳에서 왕이 된 것이 아니라 여러 곳을 떠돌다가 신라 땅에 도착해서 왕이 되었으니, 주몽 신화와 마찬가지로 이주민 신화라고 할 수 있어. 특히 바다를 통해 신라에 도착했다는 점에서 석탈해는 바다와 관련된 세력이라고도 볼 수 있지. 또 석탈해는 신비하게 출생했지만 스스로 뛰어난 인물로 자라나서 왕이 되었으니, 영웅 신화의 특징도 갖고 있어. 이처럼 석탈해 신화는 혁거세 신화와는 많은 차이가 있어.

김알지는 혁거세나 석탈해와 달리 알에서 태어나지는 않았어. 그러나 아버지나 어머니도 없이 금빛 상자에서 태어났기 때문에 신비로운 출생이라 할 수 있어. 상자에서 아이가 나왔다는 점에서는 석탈해와 비슷하기도 하지. 숲속의 나무에 걸려 있는 상자에서 나왔다는 점에서 숲에 대한 신앙과 관련이 있다고 생각되기도 해. 김알지가 태어난 숲을 닭이 울었던 숲이라 하여 계림이라고 하는데, 박혁거세가 태어난 나정과 더불어 신성한 곳으로 숭배되었어. 김알지는 박혁거세나 석탈해처럼 왕이 되지는 못했어. 하지만

김알지가 태어났다는 숲인 경주 계림이야. 김알지가 태어날 때 닭이 울었다고 하여 계림이라고 불러.

김씨 왕실의 시조이기 때문에 건국 신화의 주인공으로 등장하게 된 거야. 김씨로 처음 왕이 된 사람은 그 후손인 13대 미추왕이야. 17대 내물왕부터는 김씨들만이 왕이 되었지.

신라 건국 신화는 박혁거세, 석탈해, 김알지, 이렇게 세 명의 시조가 등장한다는 점이 특징이야. 이처럼 박씨, 석씨, 김씨가 차례로 왕위를 이어받은 것은, 아마도 신라를 세울 때 여러 세력이 참여했기 때문일 거야. 서로 힘이 비슷한 여러 세력 집단이 모여서 나라를 세웠고, 그래서 돌아가며 왕이 되었을 거야. 이렇게 세 성씨가 신라 왕실을 이루고 있다는 점이 고구려나 백제와 다른 모습이지. 그러면 신라와 가까운 가야의 건국 신화는 또 어떤 모습일까?

가야의 시조 김수로

가야 땅에서는 아직 나라 이름도 없고 임금도 없이, 아홉 명의 족장이 백성들을 다스리고 있었다. 어느 날 북쪽 구지봉에서 이상한 소리가 사람들을 부르고 있었다.

"여기에 사람이 있느냐?"

아홉 족장이 대답하였다.

"우리들이 있습니다."

"내가 있는 곳이 어디인가?"

"구지봉입니다."

"하늘이 내게 이곳에 가서 새로 나라를 세우고 임금이 되라고 하였기에 내가 여기에 내려왔으니, 너희들은 '거북아, 거북아, 머리를 내밀어

라. 만일 내밀지 않으면 구워 먹으리.'라고 노래하며 춤을 추어라. 그러면 곧 대왕을 맞이하게 될 것이다."

아홉 족장과 사람들이 이 말에 따라 모두 노래하며 춤을 추었다. 얼마 뒤에 자주색 줄이 하늘에서 내려와 땅에 닿았다. 그 줄의 끝에는 붉은 보자기에 싸인 황금 상자가 있었다. 상자를 열어 보니 해처럼 둥근 황금 알 여섯 개가 있었다. 사람들은 모두 놀라고 기뻐하며 상자를 가지고 돌아왔다. 이튿날 아침에 다시 모여서 상자를 열어 보니 여섯 알은 여섯 어린아이가 되어 있었다. 모두 생김새가 기이하고 아름다웠다. 아이들은 나날이 자라서 보름 만에 어른이 되었다. 그중 처음에 태어난 아이를 왕으로 모셨는데, 세상에 처음 나타났다고 해서 이름을 수로라고 하였고 나라 이름을 대가락 또는 가야국이라고 하였다. 나머지 아이들도 각자 왕이 되어 여섯 가야를 이루었다.

가야의 건국 신화를 혁거세 신화와 비교하면서 읽어 볼까? 김수로 역시 아버지와 어머니가 없이 하늘에서 내려온 알에서 태어났다는 점에서 혁거세 신화와 같아. 알이 상자에 들어 있었다는 점에서는 석탈해 신화와 비슷하기도 하지. 서라벌의 여섯 촌장이나 가야 땅의 아홉 족장이 임금을 기다리고 있다가, 하늘이 내려 준 인물을 왕으로 맞이하였다는 것도 공통된 점이야. 또 태어난 곳에서 곧바로 왕으로 받들어졌다는 점도 서로 비슷하지. 이렇게 혁거세 신화와 김수로 신화는 공통점이 많아. 다만 여섯 개의 알이

나왔다는 점이 다른데, 이는 가야가 여러 나라로 나뉘어 있었던 역사를 반영하고 있는 거야.

지금까지 삼국과 가야의 건국 신화에 대해 살펴보았어. 이들 건국 신화는 서로 다른 점도 있고 같은 점도 있어. 특히 건국 시조들이 하늘에서 내려온 신비스러운 인물이거나 그의 아들이라는 점에서 비슷해. 하늘의 자손들이니 엄청나게 뛰어난 능력을 갖고 있겠지.

물론 이러한 신화가 역사적 사실 그대로는 아니야. 시조의 신성함을 강조하여 왕실의 권위와 정통성을 내세우기 위해서 나중에 만들어진 것으로 봐야 해. 건국 신화라고 해서 반드시 나라를 세울 때 생긴 것은 아니야. 건국에 관한 여러 이야기들이 전해지다가, 나라가 안정되고 시조들의 업적을 높이 받들 필요가 있을 때 건국 신화가 완성된다고 볼 수 있지. 그렇다고 건국 신화가 모두 허구이며 지어낸 것이라고 할 수는 없어. 나라를 세울 때 실제로 있었던 어떤 역사적 사건이 그 안에 반영되어 있으니까 말이야. 그리고 건국 신화의 내용이 서로 다른 점은 각 나라가 만들어지는 과정과 배경이 달랐기 때문일 거야. 그래서 신화 중에서 어떤 것이 역사적 사실이고 어떤 것이 허구인지 연구를 통해 밝혀내는 것이 중요한 거란다.

인물 탐구

부여의 시조 동명과 고구려의 시조 동명 성왕은 같은 사람인가요?

고조선 다음으로 등장한 나라인 부여에도 건국 신화가 있어. 부여를 세운 시조는 동명이야. 그래서 부여 건국 신화를 '동명 신화'라고 해. 그런데 고구려의 시조 주몽도 '동명 성왕'이라고 불려. 왜 시조의 이름이 같은 걸까?

동명 신화에 따르면 옛날 북쪽에 탁리국이라는 나라가 있었는데, 왕의 시녀가 임신을 하여 알을 낳았대. 왕은 알에서 태어난 아이를 돼지우리와 마구간에 던져 넣었지만, 돼지와 말이 모두 아이를 보호했어. 그러자 왕은 하늘의 아들이라고 여겨, 아이 이름을 동명이라고 짓고 소와 말을 기르도록 했지.

동명은 활을 잘 쏘았기 때문에 탁리국의 왕은 나라를 빼앗길까 두려워 죽이려고 했어. 이를 피해 동명이 남쪽으로 도망치다 엄호수에 이르러 활로 물을 치니, 물고기와 자라가 다리를 만들어 강을 무사히 건널 수 있었어. 동명은 남쪽으로 내려가 부여 땅에 도읍을 정하고 왕이 되었대.

어때? 주몽 신화와 거의 비슷하지? 고구려를 세운 주몽이 부여에서 내려왔기 때문에, 부여를 계승한다는 생각으로 부여의 건국 신화를 따라서 만들었던 거야. 다만 주몽 신화의 내용이 좀 더 풍부하고 세련되었다는 게 차이점이지. 이 때문에 동명과 주몽을 같은 사람으로 오해하는 일이 생기는 거란다.

아! 서로 다른 사람인데 이름을 따라서 지은 거네요!

생각 넓히기

1  생각해 보기

다음 그림을 보고 세 나라 건국 신화의 공통점을 생각해 보자.
또 건국 신화에 신비스러운 내용이 담겨 있는 이유도 생각해 보자.

공통점
_____

이유
_____
_____

2  활동해 보기

다음 두 무덤의 비슷한 점을 찾아서 써 보자. 또 두 무덤이 비슷한 것을 통해 무엇을 알 수 있는지 써 보자.

고구려 장군총

백제 석촌동 고분

비슷한 점
_____

알 수 있는 점
_____
_____

6장 삼국과 가야의 성장

여기는 고구려의 수도인 국내성이야. 웬일인지 백성들이 싱글벙글하며 줄을 서 있어.
저 앞 관청 마당에는 곡식 가마니들이 잔뜩 쌓여 있네.
무슨 일이기에 백성들이 좋아하며 줄을 서 있는 걸까?

질문 있어요!

저기, 궁금한 게 있어요!

무엇이든 물어보세요!

이제는 굶지 않아도 되겠어요! 근데 우리한테 곡식을 그냥 주는 건가요?

그냥 주는 건 아니고 빌려주는 거야. 가을에 추수를 해서 갚으면 된단다.

노비가 될 걱정은 없겠네요. 귀족한테 곡식을 빌렸다가 갚지 못해서, 노비가 된 친구도 있거든요.

가난한 백성들에게 곡식을 빌려주는 제도는 백성들을 위한 것이기도 했지만, 귀족의 힘을 견제하기 위한 것이기도 했어. 백성들이 귀족의 노비가 되면 세금이 줄어 재정이 부실해지고, 노비를 많이 거느린 귀족들은 힘이 강해지니까 말이야.

194 고구려 고국천왕이 진대법을 실시하다.

371 백제 근초고왕이 평양성을 공격하다.

427 고구려 장수왕이 평양으로 천도하다.

553 신라 진흥왕이 한강 유역을 차지하다.

정복 활동을 시작한 고구려 태조왕

 부여가 만주에서 점점 세력을 키워 나갈 무렵 압록강 일대에서 고구려가 일어났어. 고구려도 부여 못지않게 큰 나라로 성장하지. 주몽이 고구려를 세운 뒤에 나라의 기틀을 잡은 왕은 6번째 왕인 태조왕이야. 태조란 보통 나라를 처음 세운 왕에게 붙여지는 이름이야. 고려를 세운 태조 왕건이나 조선을 세운 태조 이성계처럼 말이야. 그런데 고구려에는 주몽이라는 시조가 있는데, 6번째 왕에게 태조왕이란 이름이 붙은 까닭은 무엇일까?

 태조왕은 고구려의 기틀을 세워 나라를 튼튼하게 만들었어. 먼저 나라 안의 체제를 정비했지. 고구려도 부여와 마찬가지로 원래는 연맹체 국가였어. 각각 독립된 작은 나라인 5개의 세력 집단이 힘을 합쳐 고구려를 세운 거야. 이들의 이름은 각각 계루부, 비류부(소노부), 연나부(절노부), 관나부(관노

부), 환나부(순노부)라고 해(괄호 안의 이름은 중국 역사책에 나오는 이름). 이처럼 5개 세력이 연합하여 나라를 세웠기 때문에, 태조왕 이전까지는 고구려에서 왕의 권한이 그렇게 크지 않았어. 하지만 태조왕 때에 이르러 계루부의 힘이 강해지면서, 계루부를 중심으로 강력한 연맹체가 만들어졌지. 이에 따라 왕권도 강화되었어.

이처럼 나라의 힘을 모은 후에 태조왕은 정복 활동을 활발히 벌였어. 태조왕 때 지금의 함흥평야에 있던 동옥저, 강원도 동해안 일대에 자리 잡은 동예, 두만강 근처에 있던 북옥저를 정복했지. 이렇게 해서 고구려의 영토는 더욱 넓어졌고 군사력도 더욱 강해졌어. 태조왕은 고구려의 국경 지역을 직접 찾아다니며 늘어난 영토를 확인했어. 왕이 이렇게 지방을 돌아다니는 것을 '순수'라고 해. 태조왕은 새로 정복한 지역을 순수하며 이곳이 고구려의 영토임을 분명히 했어.

영토를 넓히고 군사력을 키운 태조왕은 105년부터 고구려를 넘보던 중국의 요동군과 현도군을 여러 차례 공격했어. 압록강 하구에 자리 잡은 서안평을 공격하여 후한과 낙랑군을 연결하는 교통로를 위협하기도 했지. 그래서 당시 중국 역사책에는 고구려 태조왕이 사나운 왕으로 기록되어 있어. 이는 고구려가 그만큼 힘이 강해져서 중국도 두려워하는 나라가 되었다는 것을 보여 주는 거야. 이처럼 태

조왕 시절에 안으로는 나라의 기틀을 다지고 밖으로는 영토를 크게 넓혔기 때문에, 시조에 해당하는 '태조'라는 왕 이름이 붙게 되었다고 생각된단다.

진대법을 실시한 고국천왕과 을파소

태조왕 이후에 왕권을 강화한 왕은 고국천왕이야. 신대왕의 뒤를 이어 왕이 된 고국천왕은 연나부 출신의 여자를 왕비로 맞아들였어. 그런데 왕비의 친척들이 교만해져서 자신들의 지위만 믿고 백성들의 토지와 재물을 빼앗는 등 횡포가 심했어. 고국천왕이 이들을 잡아 벌주려고 하자, 오히려 반란을 일으켜 군사들을 이끌고 국내성까지 쳐들어왔지. 직접 나서서 반란을 물리친 고국천왕은 나라를 새롭게 고치기로 마음먹었어. 그래서 새로운 인재를 뽑았는데, 이때 등용된 인물이 바로 을파소야. 당시 을파소는 시골에서 농사를 짓고 있었어. 고국천왕은 을파소가 뛰어난 인물이라는 말을 듣고 을

고구려의 두 번째 수도인 국내성 성벽의 모습이야. 지금은 일부만 남아 있지. 국내성은 장수왕이 평양으로 천도할 때까지 400년이 넘게 고구려의 수도였어.

파소를 최고 관직인 국상에 임명했어. 국상은 왕 아래에서 신하들을 대표하는 자리로, 오늘날의 국무총리쯤에 해당하는 높은 벼슬이야. 아주 파격적으로 인재를 뽑은 셈이지. 이에 대해 귀족들의 반발이 심했지만, 고국천왕은 을파소를 믿고 후원하며 귀족들을 견제했어.

그러던 어느 날 고국천왕이 사냥을 가는 길에 한 백성이 길에서 울고 있었어. 왜 그러냐고 묻자 "가난하여 겨우 품을 팔아 어머니를 봉양하였는데, 흉년이 들어 한 줌의 곡식도 얻지 못해 울고 있습니다."라고 대답했지. 이 말을 들은 고국천왕은 가난한 백성을 구하기 위해 진대법을 실시했어. 진대법이란 봄에 곡식을 빌려주었다가 가을에 수확하면 갚도록 하는 제도야. 보통 농사는 봄에 씨를 뿌리고 가을에 수확을 하잖아. 가을에 수확한 곡식으로 그다음 해 여름까지 먹어야 하지. 하지만 다음 해 가을이 되기 전에 곡식이 떨어지는 경우가 많았어. 특히 흉년이라도 들면 먹을 것이 없어서 굶는

사람이 많았어. 그래서 곡식이 떨어지는 봄에 빌려주었던 거야. 앞(96~97쪽)에서 보았던 것이 바로 진대법을 시행하는 모습이야. 봄이면 먹을 것이 없어 굶주리던 백성들이 진대법으로 곡식을 빌릴 수 있었기 때문에, 얼굴에 웃음이 가득했던 거야. 을파소도 진대법을 시행하는 데 큰 몫을 했어. 진대법은 가난한 백성들이 귀족들의 노비가 되는 것을 막아 나라의 재정을 튼튼히 하고, 귀족들의 힘을 약화시켜 왕권을 강화한다는 점에서 매우 중요한 정책이라고 할 수 있어. 백성이 노비가 되는 일이 많아지면 백성들이 내는 세금이 줄어들어 재정이 부실해지고, 노비를 많이 거느린 귀족들의 힘은 강해지거든.

백제 고이왕, 마한을 대표하다

한강 유역에서 일어난 백제는 마한에 속한 작은 나라였어. 그 당시에 마한을 대표하는 나라는 목지국이었어. 목지국의 왕은 '마한 왕'으로 불리기도 했지. 뿐만 아니라 마한, 진한, 변한의 삼한 중에 마한의 힘이 제일 강해서, 마한 왕은 삼한 전체를 대표하는 왕 노릇을 했어. 이 때문에 처음에는 백제도 목지국의 눈치를 보지 않을 수 없었어.

하지만 백제는 한강 유역이라는 지리적 이점을 잘 이용하여 성장했어. 한강 유역에는 남한강과 북한강이 합쳐지고 작은 하천들이 많아서 넓고 기름진 농경지가 곳곳에 자리 잡고 있었어. 그래서 백제에서는 농사가 잘되었지. 한강은 지금의 서울 지역과 강원도, 충청도, 경기도의 여러 곳을 이어 주는 좋은 교통로이기도 했어. 그 당시에는 길이 제대로 되어 있지 않아서 배를 이용한 이동이 많았거든. 또 한강이 서해 바다로 흘러 나가기 때문

에 백제는 해상 활동도 활발히 할 수 있었어. 지금의 평안도와 황해도에 자리 잡고 있던 중국의 낙랑군과 대방군에서 바닷길로 한반도 남쪽이나 일본으로 가기 위해서는, 반드시 한강 하구를 거쳐야 했지. 양자강 남쪽에 있는 중국 국가와 교역할 수 있는 바닷길의 중심지이기도 했어. 이처럼 백제는 바닷길 교통의 요지에 자리 잡고 있었기 때문에, 중국과 문물을 교류하면서 주변의 작은 나라들을 거느릴 힘을 갖출 수 있었어. 한강 하류에 터전을 잡은 백제는 이런 지리적 이점을 최대한 잘 활용하여 먼저 한강 입구에 있는 미추홀(인천)을 흡수하고, 그다음에 한강 중상류에 자리 잡은 여러 나라들을 차례로 정복해 나갔어.

고이왕 때 백제는 목지국을 제압하고 마한의 대표자로 등장했어. 이 무렵 중국은 위, 오, 촉의 세 나라가 힘을 겨루는 삼국 시대였어. 위나라는 고구려를 침공하고, 또 낙랑군과 대방군을 통해 삼한의 여러 나라들을 압박했지. 목지국을 대신하여 마한의 대표자가 된 백제의 고이왕은 북쪽의 대방군과 낙랑군에 맞서 싸우면서 영토를 넓혀 나갔어. 그리고 안으로는 국가를 운영하는 여러 가지 제도를 정비했어.《삼국사기》에 따르면 고이왕 때 6좌평과 16등급의 관등 제도가 마련되었고, 관직의 높고 낮음에 따라 관복의 색깔을 달리하는 공복 제도가 시행되었다고 해. 공복 제도를 실시하면 옷 색깔만 봐도 관직의 높고 낮음을 알 수 있어서 관리들 사이에 질서가 잡히게 돼. 그러면 관리들보다 높은 왕의 권위가 더 커지겠지? 이에 따라 자연스럽게 왕권이 강화되었어. 또 나라를 다스리는 기본법인 율령을 반포하여 국가 조직을 정비했다고도 기록되어 있어. 하지만 고이왕 때 이런 정치 제도가 모두 마련되었다고 보기는 어려워. 그래도 이런 기록이 있는 것을 보면, 국가 제도의 기본 골격을 잘 갖추었을 것으로 생각된단다. 이처럼 고이왕 때 백제는 한 단계 도약하기 위한 나라의 토대를 갖추게 되었어.

신라, 김씨 왕의 세상으로 바뀌다

경주에 터를 잡은 신라, 당시의 이름으로 서라벌은 지금의 경상북도 일대에 있었던 진한의 12개 작은 나라 중의 하나였어. 그러다가 점차 주변의 작은 나라들을 정복해 가면서, 3세기 말 무렵에는 낙동강 동쪽에 있던 진한의 대부분을 지배하게 되었지. 이제 낙동강을 경계로 서쪽의 변한 지역을 차지한 가야와 경쟁하게 된 거야.

앞에 나온 신라 선국 신화에서 신라는 박혁거세를 시조로 하는 박씨, 석탈해가 시조인 석씨, 그리고 김알지가 시조인 김씨, 이렇게 3개의 성씨 집단이 연합하여 나라를 이루었다고 했지? 처음에는 박씨와 석씨가 번갈아 가면서 왕위를 차지하다가, 김알지의 후손인 미추왕이 김씨로는 처음으로 신라 왕위에 올랐어. 김씨도 왕위를 차지할 정도로 세력이 커졌기 때문이지.

그 후에 다시 김씨가 왕위에 오른 것은 17대 내물왕인데, 그 뒤로는 계속 김씨가 왕위를 차지했어. 이때부터 왕의 권한이 커졌다고 할 수 있을 거야. 아무래도 3개 성씨가 돌아가면서 왕을 하는 것보다는 왕권이 강화되었겠지.

신라는 내물왕 때부터 제대로 국가 체제를 갖추고 발전하기 시작했어. 신라는 소백산맥 남쪽 한반도 동쪽 귀퉁이에 자리 잡고 있었기 때문에 다른 나라의 문물을 받아들이기 어려웠어. 반면에 가야는 바닷길로 다른 나라들과 활발하게 교류하면서 성장할 수 있었지. 신라는 차근차근 힘을 키워 나가다, 내물왕 때에 백제 및 고구려와 외교 관계를 맺고 이들 나라로부터 새로운 문물을 많이 받아들였어. 처음에는 백제의 근초고왕이 신라에 사신을 보내서 백제와 외교 관계를 맺었어. 그런데 근초고왕이 마한을 차지하고 가야에까지 세력을 뻗치자, 신라는 백제를 경계하지 않으면 안 되었지. 그래서 고구려와도 외교 관계를 맺고 가까이 지냈어. 또한 내물왕은 고구려의 도움을 받아 중국의 전진이라는 나라와도 외교 관계를 맺었어.

이처럼 신라는 내물왕 때에 이르러 새롭게 탈바꿈하고 있었어. 안으로는 사회가 변화하고 밖으로는 외교 관계를 통해 문물을 받아들이면서 신라가

크게 발전한 거야. 왕권이 강화되면서 임금의 호칭도 이사금에서 '최고의 우두머리'란 뜻을 가진 마립간으로 바꾸어 부르게 되었지. 아직은 백제나 고구려보다 힘이 약하지만, 신라도 더 큰 나라가 되기 위한 야망을 갖기 시작한 거야.

철 사러 오세요, 국제 교역의 중심지 가야

 가야는 변한에서 일어난 나라였어. 낙동강 서쪽에 자리 잡은 변한의 여러 나라 중에서 구야국과 안야국의 세력이 가장 컸어. 구야국은 김해에 있는 금관가야이고, 안야국은 함안에 있는 아라가야야. 지금까지 발굴된 가야의 유물과 유적을 보면 김해 지역이 더 풍부하고 우수해. 그러니까 변한은 12개 작은 나라들이 금관가야를 중심으로 연합하여 연맹체를 이루고 있었다는 것을 알 수 있어. 이에 따라 그 이름도 가야로 불리게 된 거지. 보통 가야는 6개의 나라로 이루어졌다고 알려져 있어.《삼국유사》에도 금관가야와 대가야, 고령가야, 소가야, 아라가야, 성산가야의 6개 가야가 있었다는 기록이 있어. 하지만 실제로 가야 연맹을 이루었던 작은 나라의 수는 때에 따라 달랐어. 가야가 신라에 합쳐질 당시에는 10개의 작은 나라로 이루어져 있었다고 해.

금관가야가 변한의 대표 세력으로 떠오를 수 있었던 것은 지리적으로 유리한 점을 갖고 있었기 때문이야. 김해 지역은 낙랑군이나 백제, 왜를 연결하는 바닷길의 중심에 위치하고 있었어. 중국의 역사책 《삼국지》를 보면 3세기 무렵에 금관가야를 비롯한 가야의 여러 나라들이 해상 왕국으로 발전하는 모습이 잘 나타나 있어. 황해도 지방에 있었던 대방군에서 김해 금관가야까지 바닷길이 이어지고, 여기서 다시 왜로 가는 바닷길이 자세하게 기록되어 있지. 3세기경에 이런 바닷길을 이용해서 황해도에서 왜까지 갔다 오는 데는 2년 정도가 걸렸다고 해. 이렇게 오랜 시간을 항해해야 하니까,

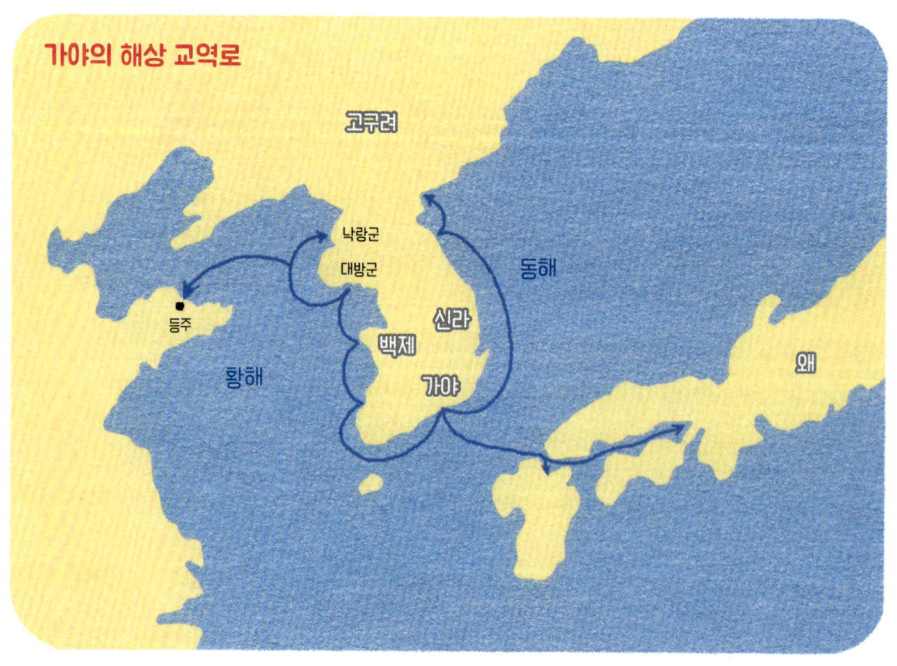

바닷길 길목에 있는 가야의 여러 나라가 중요한 역할을 했던 거야. 오늘날의 김해, 마산, 고성 등에 위치했던 가야의 나라들이 중국과 왜를 연결하는 중개 무역항 역할을 했어.

또한 금관가야는 뛰어난 철기 제작 능력을 갖고 있었어. 가야 땅에서는 철이 많이 나서 멀리 낙랑군과 왜에서도 가야의 철은 인기가 많았어. 특히 금관가야의 철은 질이 좋기로 유명했지. 당시 왜에는 철광석에서 철을 뽑아내는 기술이 없었기 때문에, 가야는 철을 덩어리로 만든 덩이쇠(철정)를 만들어 왜에 팔았어. 왜는 이 덩이쇠를 사다가 불에 녹여서 무기와 농기구를 비롯한 각종 철 제품을 만들 수 있었지. 덩이쇠는 또 화폐처럼 사용되기도 했어. 이처럼 질 좋은 철과 철을 다루는 기술, 그리고 해상 무역을 통해 금관가야는 세력을 키울 수 있었단다.

그런데 가야가 여러 나라로 나뉘어 있다 보니, 해상 교역권을 둘러싸고 자기들끼리 경쟁을 하고 심지어는 전쟁을 하기도 했어. 이처럼 가야를 이루는 나라들이 서로 전쟁까지 벌인 것을 보면, 연맹체를 이루고 있기는 했지만 서로 경쟁하는 관계임을 알 수 있어. 문화적으로는 비슷하지만 정치나 경제의 이해 관계에 따라서는 싸울 수도 있다는 거지. 이렇게 가야는 연맹체를 이루고 있었지만 하나의 통일된 나라를 만들지는 못했어. 고구려,

철제 도구를 만드는 재료감인 덩이쇠야. 철정이라고도 부르지. 가야 철정은 특히 일본으로 많이 수출되었어.

가야의 갑옷과 투구야. 이런 갑옷과 투구를 철로 만든 걸 보면, 가야가 철을 잘 다루었다는 걸 알 수 있어

백제, 신라처럼 통일된 나라를 이루지 못하고 나뉘어 있었기 때문에, 주변 나라와의 경쟁에서 이기지 못하고 점점 약해져 갔던 거야.

신라의 왕 이름은 왜 여러 번 바뀌었나요?

신라의 왕 이름은 여러 차례에 걸쳐 바뀌었는데, 이는 신라의 정치적 발전과 관련이 있어. 첫 번째 임금인 박혁거세는 '거서간'이라고 불렸는데, '밝은 태양', '군장'이라는 뜻의 정치적 지배자를 뜻해. 두 번째 임금인 남해는 '차차웅'이라 했는데, '무당' 또는 '제사장'이라는 뜻이었지.

세 번째 임금인 유리부터는 '이사금'이라고 불렀는데, 이는 16대 임금까지 이어졌어. 이사금은 '이가 많은 사람'이란 뜻으로, 이가 많은 사람이 나이가 많고 현명하다는 데에서 나온 말이야. 여기에는 한 가지 이야기가 있어. 남해왕이 죽고 나자 아들인 유리가 남해왕의 사위인 탈해에게 왕위를 양보했다고 해.

그러자 탈해가 이가 많은 사람이 왕이 되는 것으로 하자고 제안했어. 신라 사람들은 이가 많은 사람이 나이가 많고 현명하다고 생각했거든. 결국 이가 많은 유리가 3대 왕이 되고 탈해가 4대 왕이 되었지. 그 후 계속 이사금으로 부르다가, 17대 내물왕 때부터 '최고의 우두머리'란 뜻의 '마립간'으로 부르게 되었어.

마립간이라는 호칭이 이어지다가 22대 지증왕 때에 이르러 처음으로 '왕'이라고 부르기 시작했어. 503년에 나라 이름을 신라로 바꾸면서 중국식 호칭인 '왕'을 사용하게 된 거야. 이렇게 뒤늦게 '왕'이란 호칭을 썼다는 것은, 신라가 삼국 중 가장 늦게 발전했다는 것을 보여 주는 증거라고 할 수 있어.

생각 넓히기

 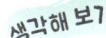 생각해 보기

고구려의 고국천왕은 봄에 곡식을 빌려주었다가 가을에 수확하면 갚도록 하는 제도인 진대법을 실시했어. 고국천왕이 진대법을 실시한 이유를 생각해 보자.

 활동해 보기

삼국 시대에는 고구려, 백제, 신라 외에 가야라는 나라도 있었어. 가야를 상징하는 내용을 담아 가야를 알리는 포스터를 만들어 보자.

활동 방법
1. 제목은 무엇으로 할까?
2. 가야를 상징하는 그림이나 사진에는 뭐가 있을까?
3. 어떤 소개 문구를 넣으면 좋을까?

7장 고구려와 백제, 처음으로 마주하다

여기는 고구려의 평양성이야. 고구려와 백제가 한창 전쟁을 벌이고 있어.
그런데 누가 화살을 맞았나 봐. 모두들 어쩔 줄 몰라서 당황하고 있네. 누가 화살을 맞은 걸까?
고구려와 백제의 전쟁에서는 누가 승리했을까?

194	371	427	553
고구려 고국천왕이 진대법을 실시하다.	백제 근초고왕이 평양성을 공격하다.	고구려 장수왕이 평양으로 천도하다.	신라 진흥왕이 한강 유역을 차지하다.

고구려 미천왕, 낙랑군을 차지하고 요동을 넘보다

4세기 초반 삼국 중에서 가장 북쪽에 자리 잡고 있는 고구려에서 새로운 변화의 기운이 나타났어. 서기 300년에 왕위에 오른 미천왕이 그런 변화를 이끌었지. 그런데 혹시 소금 장수 을불 이야기를 들어 본 적이 있니? 이야기의 주인공인 을불이 바로 미천왕이야. 을불의 큰아버지인 봉상왕은 고구려의 14대 왕인데, 동생이 왕의 자리를 빼앗을까 봐 걱정해서 동생을 죽이고 조카인 을불마저 해치려고 했대. 을불은 겨우 도망쳐서 왕의 조카라는 신분을 숨기고 일반 백성처럼 살았어. 머슴 노릇도 하고 압록강을 따라 오르내리면서 소금 장수도 했지. 그런데 봉상왕이 나라를 제대로 다스리지 않고 횡포를 일삼자, 견디지 못한 신하들이 봉상왕을 내쫓고 을불을 모셔다가 왕으로 세웠어. 그가 미천왕이야. 소금 장수 을불 이야기는 미천왕의 이야기가 전해 내려온 거야.

미천왕은 어린 시절에 많은 어려움을 겪어서인지, 왕위에 오르자 고구려를 다시 강한 나라로 만들기 위해 노력했어. 가장 큰 업적은 지금의 대동강 일대에 있던 낙랑군과 대방군을 몰아내고 한반도의 서북쪽에 있는 비옥한 땅을 차지한 거야. 낙랑군과 대방군은 옛 고조선 땅에 자리하고 있었어. 고조선의 수도인 왕검성이 있었던 평양 지역을 포함하고 있었지. 고조선부터 시작된 오랜 역사와 문화를 자랑하는 지역을 되찾은 셈이야. 미천왕은 여기에 그치지 않고, 서쪽으로 현도군을 정복하고 더 나아가 요동 땅으로 진출

하려고 했어. 이때 요동에는 선비족이 세운 전연이라는 나라가 세력을 떨치고 있었어. 미천왕은 전연과 여러 차례 힘을 겨루었지. 이제 고구려는 한반도 북쪽과 만주 지역을 아우르면서 커다란 나라로 발돋움할 수 있는 터전을 마련했어.

미천왕의 뒤를 이어 왕이 된 고국원왕도 요동으로 진출하고자 했어. 그런데 당시 요동을 차지하고 있던 전연은 호시탐탐 중국 대륙으로 나아가려고 했어. 그래서 뒤를 위협하는 고구려를 제압하기 위해 먼저 공격했어. 342년에 전연은 5만 대군을 이끌고 고구려로 쳐들어왔지. 고구려도 군사들을 보내 맞서 싸웠지만, 전연의 군대가 예상하지 못한 길로 공격해 오는 바람에 패배하고 말았어. 수도인 국내성이 함락되고 궁궐은 불타 버렸어. 전연의 군대는 돌아가면서 고국원왕의 어머니와 왕비 등 많은 사람들을 포로로 잡아갔어. 고국원왕은 간신히 목숨을 건졌지만, 수도가 함락되고 어머니가 끌려가는 등의 씻을 수 없는 치욕을 당해야 했지. 전연에 패배하면서 서쪽으로의 진출이 가로막히자 고국원왕은 새로운 구상을 하게 되었어. 폐허가 된 국내성 대신 평양을 새로운 거점으로 삼아 남쪽으로 진출하고자 한 거야. 이제 고구려와 백제의 맞대결이 눈앞으로 다가왔어.

백제의 전성기를 연 근초고왕

고이왕 때 나라의 기틀을 닦은 백제는 이 무렵 전성기를 맞이했어. 그 주인공은 바로 백제의 13대 왕 근초고왕이었지. 《삼국사기》에는 근초고왕에 대해 "체격이 크고 용모가 빼어났으며 생각과 뜻이 크고 넓었다."라고 기록되어 있어. 이런 기록이 있는 걸 보면 그 당시 사람들이 근초고왕을 많이 존경했던 모양이야.

근초고왕은 왕위에 오르자 백제의 영토를 넓히기 위해 정복 활동에 나섰어. 근초고왕 이전까지 백제의 영토는 지금의 경기도 지역에서 크게 벗어나지 않았어. 근초고왕은 자신의 야심을 실현하기 위해 영토를 확장해야겠다고 생각했지. 근초고왕은 먼저 남쪽에 남아 있는 마한의 작은 나라들을 공격해서 정복했어. 이미 여러 나라들이 백제에 항복했지만, 전라도 지역에 있는 몇몇 나라들은 끝까지 버티며 백제에 저항했거든. 369년에 근초고왕은 마침내 남아 있던 마한의 모든 나라를 정복하여 백제 땅으로 삼았어. 이제 백제는 경기도, 충청도, 전라도에 이르는 옛 마한 지역을 모두 차지하는 큰 나라가 되었지. 또 여기에서 그친 것이 아니라 낙동강 유역까지 진출하

서울시 송파구에 있는 백제 풍납토성이야. 백제의 왕과 귀족들이 살았던 것으로 생각되는 곳이지.

풍납토성에서 800m 정도 떨어진 곳에 있는 몽촌토성이야. 언덕 위에 성벽을 쌓고 해자를 두른 것으로 보아, 적의 침입을 막기 위해 세워진 성곽인 것 같아.

일본에서 전해져 내려오는 철제 칼이야. 칼날이 나뭇가지 모양으로 뻗어 있어, 7개의 가지란 뜻으로 칠지도라고 불러. 칠지도는 백제에서 만들어진 것으로, 당시 백제와 왜 사이에 교류가 있었다는 것을 보여 주는 유물이야.

여 가야의 여러 나라에도 세력을 뻗쳤고, 바다 건너 왜와도 꾸준히 교류를 계속했어.

이 과정에서 백제는 자연스럽게 동쪽에 있는 신라와 접촉하게 되었어. 백제의 근초고왕은 북쪽으로의 진출을 염두에 두고 있었기 때문에, 적극적으로 신라와 우호 관계를 맺고자 했지. 이 무렵 신라는 내물왕이 즉위하여 박씨와 석씨 세력을 누르고 김씨 세력의 기반을 다지기에 정신이 없었기 때문에, 백제의 제의에 응하여 두 나라는 평화로운 외교 관계를 맺었어. 이처럼 근초고왕 때에 백제는 한반도 서남 일대를 차지하고 가야와 왜를 세력권 안으로 끌어들였으며, 신라와 우호 관계를 맺는 등 북진을 위한 준비를 차근차근 갖추었어. 이제 백제와 고구려의 대결은 피할 수 없게 된 거야.

평양성에서의 한판 승부, 근초고왕과 고국원왕의 대결

북진하는 백제와 남하하는 고구려. 이제 두 나라가 맞붙는 것은 시간문제였어. 그때까지 백제와 고구려 사이에는 낙랑군과 대방군이 자리 잡고 있어서 직접 충돌하지 않았어. 하지만 이제 낙랑군과 대방군이 사라졌으니, 국경을 마주하게 된 두 나라의 충돌은 피할 수 없었지. 떠오르는 두 나라 사이의 대결은 앞으로 계속될 삼국 항쟁의 시작이었어.

두 나라의 첫 번째 대결에서는 백제가 승리했어. 치양(지금의 황해도 배천)에서 백제군이 고구려군을 격파했지. 371년에 백제 근초고왕은 예성강 전투에서 고구려군을 크게 무찌른 뒤에, 3만 군대를 이끌고 평양성에 도착했어. 고구려에서는 고국원왕이 직접 군대를 이끌고 맞서 싸웠지만 결국 패배하고 말았어. 앞(112~113쪽)에서 보았던 것처럼 평양성 전투에서 고국원왕이 백제 군사가 쏜 화살에 맞아 죽으면서 크게 패배했던 거야. 고국원왕이 전사한 일은 고구려 왕실로서는 두고두고 잊지 못할 원한이 되었어.

고구려에 승리를 거두면서 백제의 전성시대가 시작되었어. 근초고왕은 372년에 중국의 동진이라는 나라에 사신을 보내 새롭게 강국으로 떠오른 백제를 국제 무대에 알렸어. 동진 역시 평양성 전투에서 고구려에게 패배를 안긴 백제의 국력을 높이 평가하여 백제와 처음으로 외교 관계를 맺었지. 아마도 고국원왕이 전사한 평양성 전투는 당시 국제적으로도 크게 화제가 되었던 모양이야. 백제는 동진과 교류하면서 중국의 앞선 문물을 받아들였어. 나중에 백제에 불교를 전해 준 승려 마라난타도 동진에서 왔어.

이렇게 백제의 새로운 시대를 연 근초고왕은 백제의 역사를 안팎으로 자랑하기 위해, 박사 고흥에게 백제의 역사를 담은 책을 쓰도록 했어. 그 결과 《서기(書記)》라는 역사책이 완성되

었지. 하지만 이 책은 안타깝게도 오늘날에는 전해지지 않는단다.

평양성 전투, 그 후

고구려는 고국원왕 때 전연과 백제에게 두 차례에 걸쳐 큰 패배를 당했어. 고국원왕의 아들로 새로 왕이 된 소수림왕은 나라를 새롭게 탈바꿈시켜야 한다고 생각했지. 그래서 여러 가지 개혁을 하고자 했어. 먼저 나라의 질서를 바로잡기 위해 율령을 반포했어. 율령이란 나라를 다스리는 법과 규정을 말하는 거야. 이제 율령이라는 하나의 질서에 의해 나라가 통일적으로 다스려지게 되었고, 그에 따라 왕권도 강화되었어. 다음으로는 교육 기관인 태학을 설립했어. 훌륭한 인재를 키워서 나라를 발전시키려고 한 거야. 그

리고 백성들의 마음을 하나로 모아 나라의 힘을 키우기 위해 전진으로부터 불교를 받아들였어. 전진의 왕은 사신과 함께 승려인 순도를 보내 불상과 불경을 전해 주었지. 이에 소수림왕은 우리나라 역사상 처음으로 초문사와 이불란사라는 절을 세워 초문사에는 순도를, 이불란사에는 아도를 머물게 하면서 불교가 크게 일어나도록 했어.

그런 다음에는 국제 정세에 관심을 기울였어. 당시 중국에서는 전진이라는 나라가 일어나 여러 나라를 통합하고, 동쪽으로 진출하여 고구려의 맞수였던 전연까지 멸망시켰어. 고구려도 위기를 느끼지 않을 수 없었는데, 전진은 오히려 고구려와 평화 관계를 원했어. 당시 전진은 북중국 일대를 통합하느라 정신이 없었기 때문에 고구려와 싸울 형편이 아니었거든. 그래서 소수림왕은 전진과 우호 관계를 맺고 서쪽 경계를 안정시킴으로써 내정에 집중할 수 있었어.

한편으로 고구려는 백제와 가까이 지내는 신라에도 관심을 기울였어. 당시 신라는 백제와 외교 관계를 맺고 있었지만, 백제가 너무 강해지는 것을 경계하고 있었지. 그래서 고구려와도 외교 관계를 맺고 싶어 했어. 이렇게 해서 고구려는 신라와 외교 관계를 맺고 가까이 지내게 되었어.

풍납토성은 언제 만들어졌나요?

이건 풍납토성의 모형이야. 실제 풍납토성의 성벽 높이는 약 5m 정도야. 상당히 높은 성벽이지. 여기에 성벽 기초 부분이 땅속 3m 깊이에 묻혀 있어. 또 새로운 연구 결과에 따르면 처음 성이 건설됐을 때의 성벽 높이는 10.8m였고, 그 뒤 성벽을 보강하면서 13.3m까지 높아졌다고 해.

한강변에 아파트 5층 높이까지 흙을 쌓아 만든, 총 3.5km 길이의 거대한 성벽이 서 있는 웅장한 모습을 상상해 봐. 멋지지 않니? 이렇게 큰 성벽을 쌓으려면 연인원 138만 명 이상이 동원되어야 한다고 해. 어마어마하지? 아마도 당시 동북아시아에서 가장 규모가 큰 성곽 공사였을 거야.

백제가 강한 국력을 한창 과시하던 시기이지. 거대한 규모를 자랑하는 풍납토성과 뛰어난 왕이었던 근초고왕이 잘 어울린다고 할 수 있을 거야.

그럼 이 엄청난 규모의 풍납토성은 언제 만들어졌을까? 현재 조사된 바로는 동쪽 성벽의 경우 대략 3세기 중후반에서 4세기 중반에 처음 만들어졌대. 그 뒤 4세기 후반에 다시 덧쌓았고, 5세기 중반에 2차로 덧쌓았다고 해. 그러니까 풍납토성이 처음 완성되어 그 거대한 모습을 드러낸 때는 바로 4세기 중반 근초고왕 무렵이야.

백제는 건성기 때 이미 나라의 힘에 걸맞는 도성의 모습을 갖추고 있었던 거네요!

생각 넓히기

1. 생각해 보기

다음은 백제의 여러 지방에서 발견된 유물들이야. 중국에 있던 동진이란 나라에서 만들어진 것들이지. 다음 유물들을 통해서 알 수 있는 것이 무엇인지 생각해 보자.

청동자루솥

닭 머리모양 주전자

양 모양 청자

_____

_____

_____

2. 활동해 보기

다음은 4세기 근초고왕 때 백제의 활동을 나타낸 지도야. 다음 지도를 보고 그 당시 백제의 상황이 어땠을지 생각하여 써 보자.

_____

_____

_____

_____

_____

_____

_____

8장 동북아시아를 호령한 고구려

여기는 백제의 수도인 한성이야. 치열했던 전쟁이 끝난 것 같아.
그런데 말을 탄 장수들 앞에 사람들이 엎드려 있네. 무슨 일이 있었던 걸까?
엎드린 사람들은 누구이고, 말을 탄 사람들은 누구일까?

질문 있어요!

저기, 궁금한 게 있어요!

무엇이든 물어보세요!

드디어 원수를 갚았어요. 고국원왕을 죽인 백제 놈들에게 항복을 받았다고요!

할아버지가 당한 아픔을 손자가 갚았군요!

짝 짝 짝

와아

광개토 대왕의 활약으로 고구려는 백제를 물리치고 중국의 요동 지방까지 차지하면서 만주 대륙의 주인이 되었어. 이를 통해 고구려가 천하의 중심이라는 자부심을 갖게 되었단다.

이제 우리 고구려가 백제와 신라를 정복하고 가장 강한 나라가 되겠지요?

194 — 고구려 고국천왕이 진대법을 실시하다.

371 — 백제 근초고왕이 평양성을 공격하다.

427 — 고구려 장수왕이 평양으로 천도하다.

553 — 신라 진흥왕이 한강 유역을 차지하다.

정복의 길을 나선 고구려 광개토 대왕

고구려의 고국원왕이 큰 시련을 많이 겪었다고 했지? 요동 지방에 있던 전연에게는 수도 국내성이 함락되어 파괴되는 시련을 당했고, 백제 근초고왕과 맞서 싸운 평양성 전투에서는 목숨을 잃고 말았잖아. 당시 고구려 사람들은 이런 수모를 결코 잊지 않았어. 소수림왕 때부터 나라의 힘을 차근차근 키워 온 고구려는, 마침내 고국원왕의 손자인 광개토 대왕 때에 이르러 전연과 백제에게 당한 패배를 되갚으려 했어.

먼저 광개토 대왕은 당시 고구려를 둘러싸고 있는 주변 여러 나라들의 정세를 살펴보았어. 한반도 남쪽에서는 백제가 예전만 못하지만 여전히 힘을 떨치고 있었어. 백제는 가야와 왜까지 끌어들여 신라를 압박하고 있었지. 서쪽에서는 전연의 뒤를 이은 후연이 중국 대륙에서 위세를 떨치다가 점차 북위에게 내몰리고 있는 상황이었어. 광개토 대왕은 후연과 백제를 모두 공격하기로 마음먹었어.

광개토 대왕은 후연을 견제하기 위해 서쪽의 거란을 정벌하고 요동 지방에 직접 가서 서쪽 경계를 단단히 지킨 뒤에, 벼르고 벼르던 백제 정벌에 나섰어. 광개토 대왕이 이끄는 고구려군은 396년에 백제의 성 58개를 함락시키고 백제의 수도 한성을 포위했어. 당시의 백제 왕은 아신왕이었어. 도저히 고구려군을 물리칠 수 없었던 아신왕은 '영원히 고구려의 신하가 되겠다.'고 하면서 항복했고, 광개토 대왕은 이를 받아들였지. 앞(124~125쪽)에서 보았던 것이 바로 아신왕이 광개토 대왕 앞에 엎드려 항복하는 모습이야. 이때 고구려는 임진강 유역 일대를 차지하여 한반도 남쪽으로 진출할 수 있는 터전을 마련했어.

항복은 했지만 백제는 고구려에 복수할 기회를 노리고 있었어. 백제는 일찍부터 친하게 지내던 가야와 왜를 동원하기로 했어. 그래서 가야와 왜의 연합군이 신라를 침략하도록 했지. 신라가 고구려 편을 들었기 때문에 먼저 신라를 제압하려는 것이었어. 깜짝 놀란 신라의 내물왕은 급히 광개토 대왕에게 지원군을 요청했어. 광개토 대왕은 5만 명의 군대를 보내 신라를 도와주었고, 고구려군은 내친 김에 가야 지역까지 공격했어. 한반도 남부까지 차지할 수 있는 절호의 기회였지. 하지만 서쪽에서 고구려를 노리고 있던 후연이 공격해 왔기 때문에 군대를 철수할 수밖에 없었어. 당시 가야를 이끌던 나라는 금관가야였는데, 이때 고구려의 공격을 받아 커다란 타격을 입었어. 이후 가야 연맹체의 주도권은 지금의 고령 지방에 있던 대가야로 넘어갔어. 백제는 신라 공격에 실패하자, 404년에 왜군을 끌어들여 다시 고구

려를 공격했지만 결국 패배하고 말았어.

이처럼 백제를 밀어붙여 꼼짝 못 하게 만든 고구려는 이번에는 말머리를 서쪽으로 돌려 후연을 공격했어. 여러 차례에 걸친 승리로 고구려는 요동 지방을 완전히 차지했어. 요동 지방은 농경지가 넓어서 곡식이 풍부할 뿐만 아니라 철도 많이 나는 곳이었어. 그래서 요동 지방은 고구려가 발전하는 데 중요한 밑바탕이 되었지. 광개토 대왕은 여기에 그치지 않고 다시 동북쪽에 있는 숙신과 동부여를 정벌하여 이들마저 거느리게 되었어. 이제 고구려는 만주 대륙의 진정한 주인공이 된 거야. 그래서 당시의 고구려 사람들은 "우리 고구려의 수도 국내성이 천하의 중심이다. 이는 온 천하 사람들이 다 알 것이다."라고 하며 자신감에 차 있었다고 해.

압록강 건너 지금은 중국 땅인 지안시에 있는, 고구려의 두 번째 수도였던 국내성에는 광개토 대왕의 업적을 새긴 광개토 대왕릉비가 장대한 모습을 자랑하며 서 있어. 이 비석에는 동북아시아 곳곳에서 그 이름을 떨친 광개토 대왕에 대한 자부심을 표현한 다음과 같은 글이 새겨져 있어. 여기서 '태왕'은 광개토 대왕을 가리키는 말이야.

우리 고구려의 수도인 국내성이 온 천하의 중심이다!

고구려의 수도였던 국내성에 있는 광개토 대왕릉비의 모습이야. 장수왕이 아버지인 광개토 대왕의 업적을 기리기 위해 세운 비석이란다.

> 태왕의 은혜로운 혜택은 하늘에 미치고
> 태왕의 위엄이 사방에 떨쳤노라
> 태왕께서 불의를 쓸어버리니
> 우리 고구려 백성들이 편안하구나
> 나라는 부유하고 백성들도 풍요롭고
> 오곡은 풍성하게 익었도다

장수왕의 남진과 나제 동맹

광개토 대왕은 18세에 왕위에 올라 39세에 죽기까지 21년 동안 왕 노릇을 했어. 그동안에 고구려 왕 중에서 가장 눈부신 정복 성과를 이루었지. 21년 이란 기간은 그의 큰 야망을 실현하기에 너무 짧았지만, 광개토 대왕에게는 그의 야망을 이어 갈 든든한 후계자가 있었어. 바로 아들인 장수왕이야. 장수왕은 여러 모로 광개토 대왕과 대비되는 왕이었어. 장수왕(長壽王)이라는 왕 이름에서도 알 수 있듯이, 광개토 대왕과 달리 98세까지 장수를 누렸으며 왕위에 있던 기간만 해도 79년이었어. 아버지 광개토 대왕의 몫까지 살았다고 할 수 있을 거야.

광개토 대왕의 뒤를 이은 장수왕도 정복 활동을 계속했어. 하지만 장수왕의 정책은 광개토 대왕과 달랐어. 왜냐하면 당시 중국에 북위라고 하는 강력한 국가가 등장했기 때문이야. 북위는 그전까지 고구려가 상대했던 전연이나 후연과는 그 힘이 달랐어. 당시 동북아시아에서 가장 강력한 나라였지. 그래서 장수왕은 북위와 싸우기보다는 친하게 지내고, 그 대신 한반도 남쪽으로 영토를 확장하려는 남진 정책을 펼쳤어.

우선 427년에 수도를 국내성에서 평양으로 옮겼어. 광개토 대왕 때의 정복 활동으로 나라의 땅이 넓어졌기 때문에, 산골짜기에 자리한 국내성은 이제 수도로서 적당하지 않았어. 그래서 교통이 편리하고 넓은 농경 지대를 끼고 있으며, 역사와 문화가 오래된 대동강 유역의 평양으로 천도한 거야. 사실 평양으로 천도하려는 것도 광개토 대왕의 생각이었어. 아버지가 미처 옮기지 못한 계획을 아들인 장수왕이 실행한 셈이지.

장수왕이 평양으로 수도를 옮긴다는 소식이 들리자 백제는 다급해졌어. 다시 고구려의 위협이 코앞으로 다가온 셈이니까 말이야. 백제는 얼마 전까지만 해도 다투던 신라와 손을 잡았어. 본래 신라는 4세기 말부터 고구려와 우호 관계를 맺고 있었어. 내물왕 때 가야와 왜의 연합군이 쳐들어와서 수도가 위태롭게 되자, 고구려의 광개토 대왕이 군대를 보내서 겨우 위기를 벗어났잖아. 하지만 그 대신에 신라 왕자가 고구려에 인질로 가게 되었고, 왕위 계승 등의 문제까지도 고구려의 간섭을 받게 되었어. 심지어는 고구려 군대가 신라 영토 안에 주둔하기도 했지. 신라로서는 자존심도 상하고 빨리 고구려의 그늘에서 벗어나고 싶었을 거야. 그렇지만 혼자 힘으로는 고구려를 상대할 수 없었기 때문에 백제와 손을 잡은 거야. 백제도 혼자 힘으로는

장수왕이 평양으로 수도를 옮기면서 세운 왕궁인 안학궁의 복원 모형이야. 안학궁은 경복궁과 비슷한 규모로 컸다고 해 안학궁은 현재 없어지고 터만 남아 있어.

벽차니까 신라와 힘을 합쳐 고구려의 남진에 대항하려고 한 거지. 이렇게 해서 백제와 신라의 동맹, 즉 나제 군사 동맹이 맺어졌어. 나제 동맹은 신라의 '라'와 백제의 '제'를 따서 만든 이름이야. 나제 동맹은 그 후로 100년 넘게 이어진단다.

한편 백제의 왕이었던 개로왕은 중국의 북위에 사신을 보내 고구려를 정벌해 달라고 요청했어. 그러나 북위는 고구려와 관계를 악화시킬 필요가 없다고 생각해서 백제의 요구를 거절했지. 나제 동맹과 함께 북위를 통해 고구려를 견제하려던 개로왕의 계획은 물거품이 되었어. 오히려 이 사실을 안 장수왕의 노여움만 커졌어.

475년에 장수왕이 이끄는 3만의 고구려군은 한강을 건너 백제의 수도인 한성을 에워쌌어. 성이 포위되기 전에 개로왕은 구원병을 청하러 아들을 신라로 보냈지만, 백제군은 신라의 구원병이 올 때까지 버티지 못했어. 7일 만에 한성이 함락되고 개로왕은 고구려군에 잡혀 죽임을 당했지. 개로왕의 아들이 신라의 구원병을 이끌고 왔지만, 이미 한성은 함락되어 폐허가 된 상태였어. 그래서 왕위에 오른 뒤에 도읍을 웅진(지금의 공주)으로 옮겼어. 이 왕이 문주왕이야. 한때 한강 유역에서 번영을 누렸던 백제가 이제는 웅진 고을에서 다시 시작하게 된 거야.

한강 유역을 손에 넣은 뒤에도 고구

려는 계속해서 남쪽으로 땅을 넓혔어. 그리고 지금의 충청북도 충주에 이곳까지가 고구려 영토임을 나타내는 비석을 세웠지. 이것이 충주 고구려비인데, 한반도에 남아 있는 유일한 고구려 비석이야. 충주 고구려비는 고구려가 한반도 중부 지역까지 차지했음을 보여 주는 증거라고 할 수 있어.

정신을 차린 백제와 신라는 힘을 합쳐 고구려에 대항했어. 고구려가 신라를 공격하면 백제가 도왔고, 거꾸로 백제가 위험해지면 신라가 도왔지. 그 뒤 두 나라의 동맹 관계는 더욱 깊어져서 두 나라의 왕실이 혼인을 맺기까지 했어. 두 나라의 동맹으로 고구려의 남하를 겨우 막을 수 있었고, 백제와 신라는 한숨을 돌리고 다시 힘을 모을 수 있는 여유를 얻게 되었어.

충청북도 충주에 세워져 있는 충주 고구려비의 모습이야. 높이 203cm, 너비 55cm의 돌기둥 형태로, 마치 광개토 대왕릉비를 축소한 듯한 모습을 하고 있어.

동북아시아의 지배자, 고구려

고구려의 장수왕이 힘을 떨치고 있을 무렵 중국에서는 어떤 일이 일어나고 있었을까? 중국 대륙의 북쪽에는 북위라는 강력한 국가가 자리 잡고 있었어. 남쪽에는 송나라를 비롯하여 여러 나라가 차례로 세워졌지. 이렇게 북쪽과 남쪽으로 나뉘어 있던 시기를 남북조 시대라고 불러. 또 북위의 북쪽 초원 지대에는 유연이라는 나라가 세력을 떨치고 있었어. 그중에서 가장 힘이 센 나라는 북위였어. 그래서 남쪽의 송나라와 초원 지대의 유연은 손을 잡고 북위를 견제했어. 북위가 유연을 공격하면 뒤에서 송나라가 위협하고, 북위가 송나라를 공격하면 유연이 뒤에서 위협했지. 이 때문에 강력한 북위도 두 나라를 쉽게 제압할 수 없었던 거야. 이렇게 중국은 여러 나라로 나뉘어 서로 다투느라 주변 나라에 손을 뻗칠 겨를이 없었어.

고구려는 이러한 국제 정세를 잘 이용했어. 고구려는 국경을 맞대고 있는 북위는 물론이고, 바다 건너 송나라, 그리고 유연과도 모두 외교 관계를 맺었어. 북위와 송, 유연 모두와 똑같이 친하게 지내면서 서로를 견제했던 거야. 이런 외교를 등거리 외교라고 하지. 사실 나라의 힘으로 보면 고구려가 이 세 나라보다는 약했어. 하지만 이들 세 나라는 서로 경쟁하는 관계였기 때문에, 고구려와 우호 관계를 유지할 수밖에 없었어. 그래서 당시 동북아시아의 네 나라 중에서 북위와 송, 유연, 세 나라는 서로 여러 차례 전쟁을 벌였지만, 고구려는 200년 가까이 이들과 전쟁 한 번 없이 평화적 관계를 유지했어. 그런데 이런 외교 전략이 그렇게 쉬운 게 아니야. 네 나라 중에서 세 나라는 피 흘리며 싸우는데, 고구려만 휩쓸리지 않고 실속을 차린다는 것은 요즘 생각해도 감탄할 만한 외교 정책이야. 고구려는 이런 외교 정책으로 중국과 평화를 유지하며 한반도에서 남쪽으로 진출할 수 있었던 거야.

새로운 수도인 평양은 국제도시로서 뛰어난 지리적 입지를 갖고 있었어. 황해를 끼고 있어서 바다를 통해 여러 나라와 활발하게 외교 활동과 무역, 문화 교류를 할 수 있었지. 평양은 당시 동북아시아에서 다섯 손가락 안에 들 정도로 인구가 많고, 상업이 발달하여 갖가지 문물이 오가는 커다란 국제도시였어. 이처럼 광개토 대왕과 장수왕 때에 고구려는 밖으로 만주와 한반도에 걸쳐 영토를 넓히고, 안으로는 국가 체제를 튼튼히 했어. 그러면서 동북아시아의 지배자가 되어 아무도 넘볼 수 없는 세력권을 구축했지. 당시 고구려인들은 고구려가 천하의 중심이라는 독자적인 세계관을 갖고 있었어. 고구려인들은 중국의 천하가 따로 있고, 유목 국가의 천하가 따로 있으며, 고구려의 천하가 따로 있다고 생각했어. 천하가 여럿 있다고 생각한 거야. 고구려의 천하 속에는 백제와 신라가 포함되어 있었어. 그래서 광개토 대왕릉비에는 백제와 신라가 고구려의 신하 나라라고 기록되어 있어. 충주 고구려비에도 신라가 신하 나라이며, 고구려가 신라 왕과 신하들에게 의복을 내려 주었다고 기록되어 있지. 즉 한반도와 만주를 포함한 천하에서는 고구려가 중심이 된다고 생각했던 거야.

이런 생각은 광개토 대왕이 '영락'이라는 연호를 사용한 것에도 잘 나타나 있어. 그전까지는 중국의 연호를 따라 썼을 뿐 독자적인 연호를 사용한 적이 없었어. 독자적인 연호를 사용했다는 것은 고구려가 중국의 천하에 속한 나라가 아니라, 스스로가 천하의 중심인 나라라는 것을 의미하는 거야. 고구려인들만 그렇게 생각한 건 아니었어. 주위의 나라들도 고구려의 국력을 인정하고 있었지. 북위는 외국 사신을 접대할 때 남조 국가를 첫 번째로 대우

> 경주의 신라 무덤 호우총에서 발견된 청동 그릇(호우)이야. 그런데 이 그릇 바닥에는 '을묘년국강상광개토지호태왕호우십'이라는 글자가 새겨져 있어.

> 을묘년은 415년이고 국강상광개토지호태왕은 광개토 대왕이야. 장수왕 때 광개토 대왕을 기념하여 만들어진 그릇이 신라 귀족의 손에 들어왔다가, 무덤에 같이 묻힌 것으로 추정하고 있어.

하고 고구려를 두 번째로 대우했다고 해. 하지만 실제로는 똑같이 대우해서 남조 국가인 제나라 사신이 이를 북위에 항의한 적도 있었대. 이런 사실을 보면 그 당시 고구려의 국력이 어땠는지 잘 알 수 있단다.

광개토 대왕릉비에는 어떤 내용이 새겨져 있나요?

중국 지린성 지안시에는 아파트 3층 높이의 광개토 대왕릉비가 서 있어. 아들인 장수왕이 414년에 세운 비석으로, 광개토 대왕이 이룩한 업적이 새겨져 있지. 비석의 높이는 6.39m, 너비는 1.3~2.0m로 우리나라에서 가장 크다고 해. 4면에 모두 1770여 자의 글자가 남아 있지만, 그중에서 150여 자는 훼손되어 읽을 수가 없어.

비문의 내용은 크게 3부분으로 구성되어 있어. 첫 번째는 시조인 주몽의 건국 신화를 비롯하여 유리왕과 대무신왕의 왕위 계승, 그리고 광개토 대왕의 약력과 업적, 비석의 건립 경위 등이 기록되어 있지. 두 번째는 광개토 대왕의 정복 활동으로 비문의 가장 많은 부분을 차지해. 광개토 대왕의 정복 활동은 동서남북 사방으로 전개되었어.

거란 정벌을 시작으로, 396년에는 백제를 공격하여 백제 아신왕의 항복을 받았으며, 400년에는 신라에 구원병을 파견하여 왜를 격파했어. 또 글자가 훼손되어 확실하지는 않지만 407년에 후연 또는 백제와 전투를 벌여 큰 승리를 거두었고, 410년에는 두만강 유역의 동부여를 정복했다고 기록되어 있어.

세 번째는 광개토 대왕의 무덤을 지키는 무덤지기의 명단과 출신지, 무덤을 관리하는 법 등이 기록되어 있지. 이처럼 광개토 대왕릉비는 그 모습도 독특하지만 비문의 내용도 특이한 형식을 갖추고 있어. 그래서 비문의 내용은 오늘날 고구려 역사 연구에 귀중한 자료가 되고 있단다.

생각 넓히기

1 생각해 보기

다음은 고구려의 수도였던 국내성에 세워진 광개토 대왕릉비에 적혀 있는 내용이야. 이를 통해 당시 고구려 사람들이 고구려를 어떻게 생각 했는지 상상하여 써 보자.

> 태왕의 은혜로운 혜택은 하늘에 미치고
> 태왕의 위엄이 사방에 떨쳤노라
> 태왕께서 불의를 쓸어버리니
> 우리 고구려 백성들이 편안하구나
> 나라는 부유하고 백성들도 풍요롭고
> 오곡은 풍성하게 익었도다

2 활동해 보기

다음 유물은 경주에 있는 신라 무덤 호우총에서 발견된 청동 그릇이야. 그릇 바닥에는 '을묘년국강상광개토지호태왕호우십'이라는 글자가 새겨져 있어. 국강상광개토지호태왕은 광개토 대왕을 가리키는 거야. 장수왕 때 광개토 대왕을 기념하여 만들어진 그릇으로 추정하고 있어. 고구려의 그릇이 신라 무덤에서 발견된 것을 통해 무엇을 알 수 있는지 생각하여 써 보자.

9장 백제와 신라, 힘을 겨루다

여기는 북한산에 있는 어느 봉우리야.
그런데 신라의 군사들이 산꼭대기에 비석을 세우느라 애를 쓰고 있네.
산꼭대기에 무슨 비석을 세우는 걸까?

질문 있어요!

저기, 궁금한 게 있어요!

무엇이든 물어보세요!

아이고, 힘들다! 산꼭대기에 돌로 만든 무거운 비석을 세우려니 너무 힘들어요! 이게 무슨 비석인가요?

임금이 자신이 정복한 땅을 직접 둘러보며 곳곳에 세우는 순수비라고 하는 거예요.

근데 이걸 왜 세우는 거죠?

'순수'란 왕이 나라 안을 살피며 돌아다니는 것을 말하는데, 그것을 기념하기 위해 세운 비석을 순수비라고 해. 영토를 넓힌 진흥왕은 전국을 돌아다니며 새로 정복한 땅을 확인하고, 그 땅을 굳건히 지키겠다는 의지의 표현으로 북한산과 창녕, 마운령과 황초령에 4개의 순수비를 세웠단다.

서 | 북한산 | 창녕 | 마운령 | 황초령 | 동

194 고구려 고국천왕이 진대법을 실시하다.

371 백제 근초고왕이 평양성을 공격하다.

427 고구려 장수왕이 평양으로 천도하다.

553 신라 진흥왕이 한강 유역을 차지하다.

백제, 부흥을 꿈꾸다

　백제는 475년에 웅진으로 도읍을 옮겼어. 수도 한성이 함락되고 개로왕이 전사하자, 신라에 구원병을 청하러 갔던 개로왕의 아들 문주왕이 급히 남쪽으로 가서 새로 도읍을 정한 거야. 그러다 보니 나라의 정치가 안정되지 못해서 귀족들의 권력이 커졌어. 문주왕이 신하에게 죽임을 당했고, 삼근왕도 어린 나이에 왕위에 올랐다가 곧 죽었지. 그 뒤에 왕위에 오른 동성왕은 우선 고구려의 위협을 막기 위해 대외적인 활동에 힘을 쏟았어. 중국 남제에 사신을 보내 우호 관계를 맺었고, 신라와 관계를 더욱 돈독히 만들기 위해 신라 왕실의 여자를 왕비로 맞아들였어. 이를 결혼 동맹이라고 해. 이전부터 맺어 왔던 나제 동맹을 더욱 튼튼히 한 거야. 또 동성왕은 남쪽으로 탐라국(지금의 제주도)을 정벌하여 세력을 확대했어. 그러나 이처럼 백제를 다시 강하게 만들려고 노력했던 동성왕도 반란을 일으킨 신하에게 죽임을 당하고 말았지.

　동성왕의 뒤를 이어 무령왕이 임금이 되었어. 그는 성품이 넉넉하고 인자하여 백성들이 많이 따랐다고 해. 웅진으로 도읍을 옮긴 뒤에 왕권이 약해져 문주왕, 동성왕 등이 신하들에 의해 죽는 것을 본 무령왕은, 왕권을 강화하는 게 가장 급한 일이라고 생각했어. 그래서 전국을 22개의 담로로 나눈 다음에, 각 담로에 왕자나 왕족을 파견하여 직접 다스리게 했어. 이를 담로제라고 해. 담로제를 통해서 지방 귀족들의 세력을 약화시키려고 한 거야.

무령왕은 백성들의 생활을 안정시키는 것도 중요하다고 생각했어. 그래서 흉년이 들어 백성들이 굶주리면 나라의 창고를 열어 곡식을 나눠 주었지. 또 제방을 쌓고 저수지를 만들어 농경지를 늘리도록 해서, 떠돌아다니는 백성들이 정착할 수 있도록 했어.

무령왕은 외국과 교류에도 힘을 기울였어. 중국에 새로 등장한 양나라와 교류하면서 여러 가지 문화와 물품을 수입하여, 백제의 문화도 더욱 풍성해질 수 있었지. 그리고 왜와의 관계도 소홀히 하지 않고 많은 문물을 전해 주었어. 이런 노력의 결과 백제는 근초고왕 때와 같은 해상 왕국으로서의 영광을 다시 누리게 되었어. 그래서 무령왕은 양나라에 보낸 외교 문서에서 "백제가 이제 다시 강국이 되었다."고 자신만만한 모습을 보이기도 했단다.

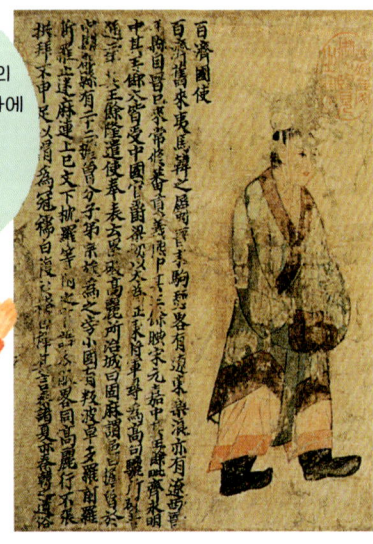

중국 양나라의 왕 무제는, 30여 개 나라 사신들의 모습을 그림으로 그리고 각 나라에 대한 간략한 정보를 기록한 〈양직공도〉를 만들게 했어. 〈양직공도〉에 실린 백제 사신의 모습이야.

사로국에서 신라로

　백제와 동맹을 통해서 고구려의 간섭에서 벗어난 신라는 지증왕 때에 크게 발전했어. 지증왕은 64세의 나이에 임금이 되었는데, 여러 가지 개혁 정책을 펼쳤어. 농업을 발전시키기 위해 수리 사업을 활발히 벌여 논을 늘렸고 우경을 시행하도록 했어. '우경'이란 농기구인 쟁기를 사람 대신 소의 힘으로 끌게 하는 거야. 이렇게 하면 땅을 깊게 갈 수 있어서 농사짓기가 수월하고 수확량도 많아져. 우경이 보급되면서 땅을 묵혀 두는 기간이 줄어들었고, 생산력도 이전에 비해 크게 증가했어. 또 시장을 설치하여 상업을 장려하는 등 나라의 경제를 튼튼히 했지. 그 밖에도 살아 있는 사람을 강제로 무덤에 같이 묻는 순장을 금지했어.

　이런 변화와 함께 나라 이름과 왕을 부르는 이름도 바꾸었어. 이제까지 사라, 사로, 서라벌 등 여러 가지로 부르던 나라 이름을 '신라'로 정했어. 신라(新羅)라는 이름은 '왕의 덕이 나날이 새로워지고 사방에 두루 미친다.'는 뜻에서 따온 말이야. 또 왕을 부르는 이름도 '마립간'에서 '왕'으로 바꾸었지. 512년에는 이사부로 하여금 우산국(지금의 울릉도)을 정복하도록 했어.

　지증왕의 뒤를 이어 법흥왕이 임금의 자리에 올랐어. 법흥왕도 신라에 새로운 변화의 바람을 일으켰어. 먼저 율령을 반포하여 법으로 나라를 다스리게 했어. 그리고 관리들의 벼슬에 따라 옷의 색깔을 달리하도록 하는 공복 제도를 실시했어. 옷의 색깔은 등급에 따라 달랐는데, 가장 높은 등급은 자주색 옷, 그 다음부터 붉은색 옷, 푸른색 옷, 노란색 옷으로 구분했지. 이와 같은 제도들이 정비되면서 왕권이 강화되었어. 그리고 법흥왕은 불교를 새로운 종교로 받아들였어. 귀족들이 강력하게 반대했지만, 이차돈의 순교를

계기로 불교를 나라의 공식 종교로 정하고 신하와 백성들이 믿도록 했어.

법흥왕의 개혁 정치는 큰 성과를 거두어 국력이 나날이 커져 갔어. 신라는 이러한 힘을 바탕으로 가야를 공격하여 금관가야의 항복을 받아 냈어. 고구려군의 침략을 받아 힘이 약해졌던 금관가야가 결국 532년에 신라에 정복되고 만 거야. 이제 신라는 경쟁자였던 가야를 무너뜨리고 낙동강 유역까지 영토를 넓히게 되었어.

지는 금관가야, 뜨는 대가야

앞에서 금관가야가 신라에 정복되었다고 했지? 그럼 이제 그동안 가야에 어떤 일이 있었는지 알아볼까? 400년에 신라를 구원하기 위해 광개토 대왕이 보낸 고구려군은 가야까지 쳐들어왔어. 이때 금관가야는 커다란 타격을 입어 힘을 잃었고, 대가야가 가야 연맹체의 새로운 강자로 떠올랐어. 5세기 후반에 이르러 대가야는 가야 여러 나라 중에서 가장 강한 나라가 되었어. 주변의 여러 나라들을 모아 후기 가야 연맹체를 이루고, 섬진강 지역까지 진출하며 그 세력을 키워 갔지. 이제 대가야에서는 '대왕(大王)'이란 칭호를 사용했어. 대왕이란 '왕 중의 왕'이란 뜻이기 때문에 대가야가 삼국과 겨룰 정도로 세력이 커졌다는 것을 나타내는 거야. 대가야도 신라처럼 공복 제도를 시행했고 관료 제도도 갖추었어. 대가야의 하지왕은 중국 남제에 사신을 보내는 등 국제 무대에도 그 모습을 드러냈어.

대가야의 대왕명 토기야. 토기의 뚜껑과 몸체에 대왕(大王)이라는 글자가 새겨져 있어.

하지만 대가야의 성장은 오래가지 못했어. 백제와 신라가 경쟁적으로 세력을 키우면서 가야를 놓고 서로 다투었기 때문이야. 여러 개의 작은 나라로 나뉘어 하나로 힘을 모으지 못한 가야는, 백제와 신라 사이에서 독립을 유지하려고 무척 애를 썼어. 신라가 공격하면 백제 쪽으로 기울었고, 백제가 넘보면 신라 쪽에 손을 내밀었지. 522년에는 신라와 결혼 동맹을 맺기도 했어. 그러나 백제와 신라가 서로 대결하는 상황에서 가야의 선택은 아슬아슬했어. 스스로 자신을 지킬 힘이 없는 가야의 운명은 두 나라의 손에 달려 있었단다.

백제와 신라, 한강 유역을 놓고 다투다

무령왕의 뒤를 이어 즉위한 성왕은 무령왕이 이룬 업적을 바탕으로 백제를 다시 강국으로 만들고자 했어. 성왕의 가장 큰 꿈은 고구려에게 빼앗긴 백제의 건국 터전 한강 유역을 되찾는 것이었지. 그러기 위해서는 먼저 국력을 키워야 했어. 534년 성왕은 웅진에서 사비(지금의 부여)로 도읍을 옮겼어. 웅진은 다시 세력을 키우고 있던 백제의 수도로는 좁고 부족한 점이 많았어. 그래서 성왕은 좀 더 넓고 바다로 쉽게 나갈 수 있는 부여로 도읍을 옮겨 새로운 출발을 하려고 했던 거야. 모든 것을 새롭게 시작하고 싶었던 성왕은 나라의 이름도 바꾸었어. 나라 이름을 '남부여'로 바꿨는데, 이는 백제의 뿌리가 부여라는 것을 밝힌 거야. 고구려보다는 백제가 부여의 정통을 잇는 나라라는 점을 내세우고 싶었던 거지.

밖으로는 가야에 눈길을 돌렸어. 섬진강 유역을 공격하여 차지하면서 대가야를 압박했어. 백제의 공격을 견디지 못한 대가야는 백제에게 무릎을 꿇고 백제의 세력권으로 들어갔어. 또한 고구려와 전쟁을 벌이기 위해서는 신라와의 동맹이 무엇보다 중요하다는 생각으로, 사신을 보내 우호 관계를 더욱 굳건히 했어.

안팎으로 나라를 정비한 성왕은 마침내 꿈을 이루기로 했어. 바로 한강 유역을 되찾는 일이었지. 이때 신라는 법흥왕의 뒤를 이은 진흥왕이 다스리고 있었어. 백제 성왕은 신라 진흥왕과 손잡고 고구려를 공격하기 위해 군대를 일으켰어. 백제 성왕이 이끄는 백제와 가야의 연합군은 한성을 공격하여 한강 하류의 땅을 차지하고, 거칠부 등이 이끄는 신라군은 죽령을 넘어 한강 상류의 땅을 차지했어. 드디어 성왕이 바라던 꿈을 이룬 거야.

하지만 한강 유역의 땅을 되찾은 기쁨은 오래가지 못했어. 553년에 신라 진흥왕이 동맹을 깨뜨리고, 백제가 되찾은 한강 하류 지역을 기습 공격하여 이를 빼앗았어. 어렵게 되찾은 한강 유역의 땅을 신라의 배신으로 다시 빼앗긴 백제의 성왕은 이듬해에 신라 관산성(충북 옥천)을 공격했어. 처음에는 백제군이 승리를 거두었지만, 성왕이 신라군에 잡혀 죽는 바람에 그만 싸울 힘을 잃은 백제군은 큰 패배를 당하고 말았지. 성왕의 비참한 죽음을 백제인들은 도저히 잊을 수 없었을 거야. 이 때문에 나제 동맹이 깨지고 백제와 신라 두 나라는 끊임없이 전쟁을 벌였어.

그런데 왜 진흥왕은 성왕을 배신하고 한강 하류 지역의 땅을 빼앗았을까? 한강 하류 지역은 넓은 농경지가 많아서 그것만으로도 귀중한 땅이야.

게다가 신라는 중국과 교류할 수 있는 항구가 필요했어. 한반도 동남쪽에 위치한 신라가 중국과 교류하려면 가야와 백제 앞바다를 지나야 했고, 또 거리도 멀어서 매우 불편했지. 한강 하류의 땅을 차지하면 바로 중국으로 갈 수 있는 항구를 가질 수 있었어. 그래서 한강 하류를 차지하려고 했던 거야. 이때 차지한 당항성(경기도 화성시 당성)은 오랫동안 신라가 중국과 교류하는 출입구 역할을 했어.

순수비를 세워라

신라는 이제 한강 유역의 주인이 되었어. 신라가 한강 유역을 차지한 것은 역사적으로 큰 의미를 갖는 사건이야. 한강 유역의 풍부한 생산물과 인구를 차지하게 되어 신라의 국력이 아주 커졌지. 한반도 동남부에 움츠리고 있던 신라가 당당히 고구려, 백제와 맞설 수 있는 나라가 된 거야. 그리고 서해를 거쳐 중국과 직접 통할 수 있는 바닷길을 갖게 되면서, 동북아시아의 국제 무대에도 등장하게 되었어. 신라가 삼국을 통일할 수 있는 터전이 이때 만들어졌다고 볼 수 있을 거야.

진흥왕은 좀 더 욕심을 냈어. 낙동강 서쪽의 가야마저 정복하기 위해 마지막 공격에 들어갔어. 김해의 금관가야는 이미 법흥왕 때 신라에 항복했지만, 대가야와 나머지 나라들이 모두 백제 편에 서 있었기 때문이지. 대가야는 관산성 전투에도 백제와 힘을 합쳐 참가했지만 패배하면서 힘을 잃었어. 신라는 562년에 대가야를 정복하면서 가야 지역 전체를 차지하게 되었어. 비옥한 곡창 지대이며 또 해상 무역의 중심지이기도 한 가야 지역은 한강 유역과 더불어 신라가 국력을 키우는 데 큰 보탬이 되었어.

진흥왕은 이제 다시 북으로 눈을 돌렸어. 동해안을 따라 올라온 신라는 고구려 땅인 함흥평야를 차지하기에 이르렀지. 진흥왕은 자신이 정복한 땅을 직접 둘러보며 곳곳에 순수비를 세웠어. 앞 (138~139쪽)에서 보았던 것이 북한산 비봉에 순수비를 세우는 모습이야. 지금 남아 있는 순수비는 창녕비, 북한산비, 마운령비, 황초령비, 이렇게 4개야. 순수비를 세운 것은 자신의 업적을 과시함과 동시에 새로 얻은 땅을 굳건히 지키겠다는 의지의 표현이라고 할 수 있어.

진흥왕은 정복 활동뿐만 아니라 여러 가지 새로운 정책도 시행했어. 우선 거칠부를 시켜 《국사(國史)》라는 역사책을 만들게 했어. 신라의 역사를 정리하여 신라 왕실의 정통성을 과시하려 했던 거야. 불교를 널리 보급하기 위해 신라에서 가장 큰 절인 황룡사를 지었고, 신라에서 가장 큰 불상인 장륙상을 만들어 황룡사에 모셨어. 나중에 선덕 여왕은 이곳 황룡사에 가장 큰 탑인 9층탑을 지었지. 그리고 진흥왕 하면 화랑도를

북한산 비봉에 세워져 있던 진흥왕 순수비야. 지금은 국립 중앙 박물관에 옮겨져 있고, 순수비가 있던 자리에는 복제품이 세워져 있어.

백제와 신라, 힘을 겨루다

빼놓을 수 없어. 진흥왕 때 만들어진 화랑도는 젊은 인재들을 양성하기 위해 만든 것인데, 나중에 삼국 통일을 하는 데 큰 역할을 했어. 이런 점에서 진흥왕 때가 신라의 전성기이며, 신라가 한반도의 새로운 주인공으로 발돋움한 때라고 할 수 있어.

인물 탐구

이차돈은 어떻게 불교를 위해 목숨을 바쳤나요?

신라의 법흥왕은 불교를 받아들여 나라를 발전시키고 싶었지만, 귀족들의 반대가 심했어. 오랫동안 믿어 왔던 신앙을 바꾸기도 쉽지 않았지만, 귀족들은 불교가 왕권을 강화하는 이념이 될 수 있다고 생각하여 반대했던 거야.

이때 법흥왕의 뜻을 눈치챈 이차돈이 찾아와 말했어.

제가 천경림에 절을 지으면 귀족들이 크게 반발할 것입니다. 그때 거짓말을 한 죄라고 하면서 제 목을 베십시오. 그러면 모두 굴복하여 왕의 말씀을 어기지 못할 것입니다.

불교를 핑계로 왕권을 강화하려고 하는 거야!

내가 어찌 죄 없는 사람을 죽이겠느냐?

소신이 죽어 불교가 인정된다면, 앞으로 불교가 번성하고 임금께서는 길이 편안하실 것입니다.

법흥왕의 허락을 받은 이차돈은 천경림에 절을 짓기 시작했어. 천경림은 원래 하늘의 신에게 제사를 지내는 신성한 숲이었기 때문에, 귀족들은 화가 나서 왕에게 달려가 따졌어. 법흥왕은 이차돈의 말대로 그런 명령을 내린 적이 없다고 하면서, 이차돈을 잡아들여 목을 베라고 했지. 이차돈의 목을 베자 머리가 하늘로 사라지고, 목에서는 붉은 피 대신 흰 피가 솟아오르며 하늘이 어두워지더니 꽃비가 내렸다고 해.

법흥왕이 슬퍼하며 눈물이 왕의 옷을 적시자, 이를 본 귀족들은 겁이 나서 진땀을 흘렸어. 이처럼 신비한 일이 일어나자 귀족들도 더 이상 불교를 반대할 수 없었고, 법흥왕은 불교를 정식으로 받아들일 수 있었단다.

죽음으로 불교가 신라에 자리 잡을 수 있도록 했네요!

생각 넓히기

1 생각해 보기

진흥왕 때 신라는 백제와 힘을 합쳐 고구려와 싸워 한강 유역을 차지했어. 그런 다음에는 백제와의 동맹을 깨뜨리고 백제가 차지한 한강 하류 지역을 공격해서 빼앗았지. 진흥왕이 백제를 배신하고 한강 하류 지역을 차지한 이유는 무엇인지 생각해 보자.

2 활동해 보기

신라의 진흥왕은 정복한 땅을 둘러보며 곳곳에 순수비를 세웠어. 순수비는 창녕비, 북한산비, 마운령비, 황초령비, 이렇게 4개가 남아 있어. 진흥왕이 이처럼 곳곳에 순수비를 세운 이유를 생각하여 써 보자.

진흥왕은 북한산 비봉 꼭대기에 순수비를 세웠어. 사진에 보이는 것은 복제품이고, 원래의 순수비는 국립 중앙 박물관에 옮겨져 있어.

10장 삼국의 문화와 생활

여기는 천하를 호령했던 고구려의 어느 마을이야. 사람들이 외출을 하고 있는 것 같아. 해를 가리는 일산을 들고 따라가는 사람도 있어. 앞에는 재주를 부리는 사람도 있네. 누가 외출하는 것이고, 재주를 부리는 사람들은 누구일까?

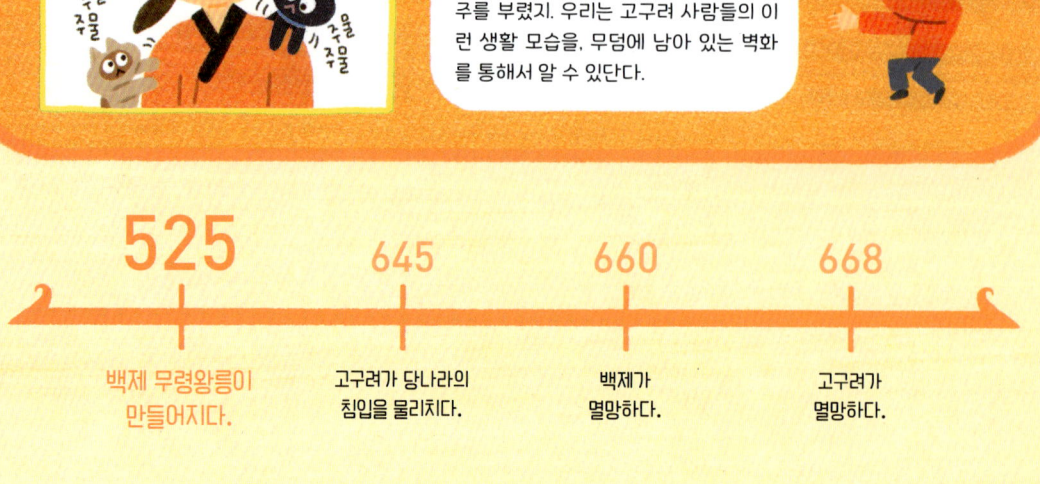

문화의 중심, 도성

　삼국 시대에는 수도를 도성이라고 불렀어. 도성에는 왕과 왕족을 비롯하여 관리들과 귀족들이 모여 살았지. 물론 일반 백성들도 살고 있었어. 이 때문에 도성은 인구가 많고 물자가 풍부한 큰 도시였고, 문화와 예술이 번성한 곳이었어.

　도성에는 외적을 막기 위해 성을 쌓았어. 성은 위치에 따라 평지에 만드는 평지성과 산에 쌓는 산성이 있었는데, 대체로 도성에는 평지성과 산성을 모두 만들었어. 때로는 도시 전체를 둘러싸는 성을 쌓기도 했는데, 이것을 나성이라고 불러. 평지성에는 왕이나 귀족들이 모여 살았어. 백성들은 성

고구려의 두 번째 수도인 국내에 있던 국내성과 환도산성의 위치를 나타낸 그림이야. 평지성인 국내성과 산성인 환도산성이 짝을 이루고 있어.

밖에서 농사를 짓고 살았지. 그런데 외적이 쳐들어오면 평지성에서는 방어하기 어렵기 때문에, 그 주변에 험한 산세를 이용하여 산성을 만들었던 거야. 적이 쳐들어오면 왕과 귀족은 물론 일반 백성들도 모두 산성 안에 들어가서 적에 맞서 싸웠어. 성은 주로 흙이나 돌을 쌓아 만들었어. 백제는 주로 흙으로 쌓은 토축 성벽을 건설하였고, 신라는 흙과 돌을 섞어서 성벽을 만들었어. 고구려는 돌로 성벽을 쌓는 기술이 발달했지.

도성 안에서 가장 큰 건축물은 왕궁이었어. 삼국의 왕들은 왕의 권위를 나타내기 위해 크고 화려한 왕궁을 지었어. 아쉽게도 세월이 흐르면서 이런 왕궁들은 지금 거의 남아 있지 않아. 하지만 왕궁 건물터의 주춧돌만 보아도 당시의 웅장하고 당당한 모습을 상상해 볼 수 있지. 삼국 시대 도성에서 또 다른 중요한 건축물은 절이었어. 불교가 들어온 뒤에 큰 절들이 도성 곳곳에 세워졌거든. 신라의 황룡사, 백제의 미륵사 등이 대표적인 절이야. 이 절들 역시 지금까지 남아 있는 것은 없지만, 돌로 만들어진 석탑이나 불상 등이 남아서 그 당시의 번성했던 모습을 보여 주고 있어.

그럼 삼국의 도성을 살펴볼까?

백제가 처음 나라를 세운 곳은 한강 유역이야. 오늘날 서울시 송파구에 남아 있는 풍납토성과 몽촌토성이 바로 백제의 도성 유적이야. 풍납토성은 평지성이고 몽촌토성은 낮은 구릉 위에 쌓은 산성에 해당하지. 몽촌토성 옆에 있는 한성백제 박물관에 가면 한성백제 시대의 도성 모습을 재현해 놓은 전시물이 있어. 이를 보면 궁궐은 어디에 있었는지, 도성 안에 도로는 어떻게 만들어졌는지, 일반 백성의 집과 귀족의 집은 어떤 차이가 있었는지, 한강변에 나루터가 어디에 있었는지 등 여러 가지 궁금한 것을 알 수 있어.

백제의 두 번째 수도인 웅진이 있었던 충청남도 공주에 가면 백제의 공산

성이 남아 있어. 지금 있는 공산성의 성벽은 조선 시대에 돌로 다시 쌓은 것이고, 백제가 흙으로 쌓았던 성벽은 일부 구간만 남아 있지. 성 내부에는 백제 때에 만든 우물이나 궁궐 건물터 등이 곳곳에 남아 있어. 세 번째 수도인 사비(지금의 부여)는 요즘 식으로 말하자면 도시 계획에 따라 만들어진 신도시야. 수도를 방어하기 위해 도시 안에 부소산성을 쌓았고 도시 주위에는 나성을 쌓았어. 부소산성 아래에 왕궁을 지었고, 정림사라는 절도 세웠어.

　신라의 수도였던 서라벌은 지금의 경주야. 경주에 있는 월성 안에 신라의 왕궁이 있었지. 성의 모양이 반달처럼 생겼다고 하여 반월성, 또는 신월성이라고도 불렀어. 월성은 약간 높은 구릉 위에 자리 잡고 있는데, 동·서·북쪽은 돌과 흙을 섞어 성벽을 쌓았어. 지금도 월성 성벽을 보면 큰 돌들이 흙 속에 박혀 있는 모습을 볼 수 있어. 성벽 아래에는 물이 흐르는 인공 방어 시설인 해자가 있었는데, 지금 일부가 복원되어 있어. 수도를 방어하기 위해서 명활산성이나 남산성 같은 산성을 주변에 만들어 적의 침입에도 대비했어.

　고구려의 도성은 졸본과 국내, 평양 3곳에 있었는데, 졸본은 수도였던 기간이 짧아서 도성 유적이 별로 없어. 평양으로 천도하기까지 400여 년 동안

왼쪽은 경주에 있는 월성의 동쪽 성벽 모습이야. 그리고 오른쪽은 수도를 방어하기 위해 명활산에 쌓은 명활산성의 모습이야.

수도였던 국내는 오늘날 중국 지안시에 있어. 압록강 북쪽 강가에 평지성인 국내성이 있고, 그 북쪽 산자락에 산성인 환도산성이 있었지. 돌을 가지런히 튼튼하게 쌓은 국내성과 환도산성의 성벽을 보면, 돌로 성을 쌓는 기술이 매우 뛰어났음을 알 수 있어.

장수왕 때 천도한 평양에는 산성으로 대성산성이 있었고, 그 아래 안학궁이라는 왕궁을 지었어. 안학궁 남쪽으로 관청과 귀족들이 사는 시가지가 자리 잡고 있었지. 그 후 평원왕 때 도성을 잘 지키기 위해 새로 장안성을 쌓고 왕궁과 주민들을 옮겼어. 이곳이 현재 평양 시가를 둘러싸고 있는 평양성이야. 장안성은 산성과 평지성을 합쳐 놓은 형태로, 백성들이 사는 곳까지 나성으로 둘러싼 새로운 형태의 성이었어. 성벽 길이가 약 23km에 이른다고 하니 그 규모가 엄청나게 컸단다.

고구려의 두 번째 수도인 국내에 있던 환도산성의 모습이야.

평양에 있는 장안성의 동쪽 문인 대동문의 웅장한 모습이야.

삼국 문화의 타임캡슐, 고분

삼국의 도성과 그 주변에는 고분들이 많이 남아 있어. 고분이란 옛날 사람들의 무덤인데 그 주인은 왕이나 귀족들이었지. 왕이나 귀족들이 권력을 과시하기 위해 크게 만들었던 거야. 그래서 경주나, 공주, 부여에 가면 거대한 고분들을 볼 수 있단다. 고분 안에 남아 있는 벽화나 유물들은 그 당시의 문화를 알려 주는 중요한 자료가 되고 있어.

한성백제 시대의 고분은 지금은 대부분 사라지고, 석촌동과 방이동 백제 고분 유적에 일부만 남아 있어. 백제의 두 번째 수도였던 공주에는 고분들이 많이 남아 있어. 그중 송산리에 있는 무령왕릉이 대표적이지. 무령왕릉은 1971년에 배수로를 만드는 공사를 하다가 우연히 발견했어. 보통 고분의 주인이 누구인지 정확하게 알기는 어려워. 그런데 무령왕릉에서는 지석이 발견되었어. 지석이란 누가 묻혀 있는지, 언제 무덤을 만들었는지를 돌에 새긴 거야. 그래서 무덤 주인이 무령왕과 왕비라는 걸 알 수 있었지. 게다가 왕릉에서 나온 유물은 108종 2906점이고, 그중 국보가 12점이나 되었어. 당시의 생활을 보여 주는 중요한 자료들이 엄청나게 많이 나온 거야. 부여에는 나성 동쪽에 능산리 고분군이 자리 잡고 있어. 특히 1호 무덤은 사신도 벽화가 그려져 있어 유명하지. 사신도란 동서남북을 지키는 신들인 청룡, 백호, 주작, 현무를 그린 그림이야. 또 능산리 절터에서는 아름답기로 유명한 백제 금동 대향로가 출토되었어.

신라의 수도인 경주에는 신라 때에 만들어진 수많은 유적이 있는데, 그중에서도 도시 여기저기에 솟아 있는 커다란 무덤들이 인상적이야. 신라 왕궁이 있는 월성 북쪽에는 23기의 고분이 모여 있는 거대한 고분군이 있어. 이

곳을 대릉원이라고 부르는데 유명한 고분 3기가 있어. 대릉원이라는 이름의 유래가 된 미추왕릉, 천마도가 나온 천마총, 그리고 경주에 있는 고분 중에서 가장 큰 황남 대총이야.

대릉원이란 이름은 미추왕릉 때문에 생겼어. 《삼국사기》에 '미추왕을 대

> 그려진 동물의 모습이 하늘을 나는 말 같다고 해서 천마도라는 이름이 붙었어. 하지만 전설에 나오는 동물인 기린이라는 주장도 있어.

릉에 장사 지냈다.'는 기록이 있어서, 미추왕릉이 있는 이곳을 대릉원이라 부르게 된 거야. 천마총은 고분의 내부 모습을 잘 볼 수 있도록 내부에 전시실을 꾸며 놓고, 천마총에서 나온 유물들의 복제품을 전시하고 있어. 천마총에서는 신라 유물 1만여 점이 쏟아져 나왔는데, 천마도가 그려진 말다래가 출토되어 천마총이라 부르게 되었지. 말다래는 옷에 흙이 튀지 않도록 안장 양쪽으로 늘어뜨린 가리개를 말하는 거야. 천마총 옆에는 가장 큰 무덤인 황남 대총이 있어. 이 무덤은 동서 길이가 80m, 남북 길이가 120m, 높이가 25m나 되는 큰 무덤이야. 2개의 무덤이 이어져 있는 쌍무덤인데, 북쪽이 여자의 무덤, 남쪽이 남자의 무덤이야. 1975년 발굴할 때 금관과 목걸이, 팔찌, 무기 등 3만 점에 달하는 유물이 발굴되었어. 천마총이나 황남 대총에서 나온 유물들은 경주 박물관에 가면 볼 수 있단다.

고구려의 수도였던 국내 지역에는 지금도 고구려 때의 고분이 7000여 기 남아 있어. 고구려 고분은 크게 두 종류가 있는데, 돌로 쌓은 무덤을 돌무지무덤, 무덤 안에 돌로 방을 만들고 그 위에 흙을 쌓은 무덤을 돌방흙무덤이라고 해. 돌무지무덤 중에서 큰 규모의 무덤은 왕릉인 경우가 많아. 대표적인 것이 천추총, 태왕릉, 장군총 등이야. 그런데 이 무덤들이 누구의 것인지

> 부부가 같이 묻힌 무덤으로, 2개의 무덤이 이어져 있는 황남 대총이야.

는 알기 어려워. 광개토 대왕의 경우에는 광개토 대왕릉비 주변에 태왕릉과 장군총이 있어서, 둘 중 하나를 광개토 대왕의 무덤으로 짐작하고 있지.

평양으로 수도를 옮긴 뒤에는 돌방흙무덤을 많이 만들었어. 돌방흙무덤에는 벽이 있어서 벽화를 그린 무덤도 30여 기가 발견되었어. 그중 무용총과 각저총이 널리 알려져 있지. 돌방흙무덤 중에서 왕의 무덤으로는 동명왕릉과 강서 대묘, 귀족의 무덤으로는 쌍영총과 수산리 고분 등이 대표적이

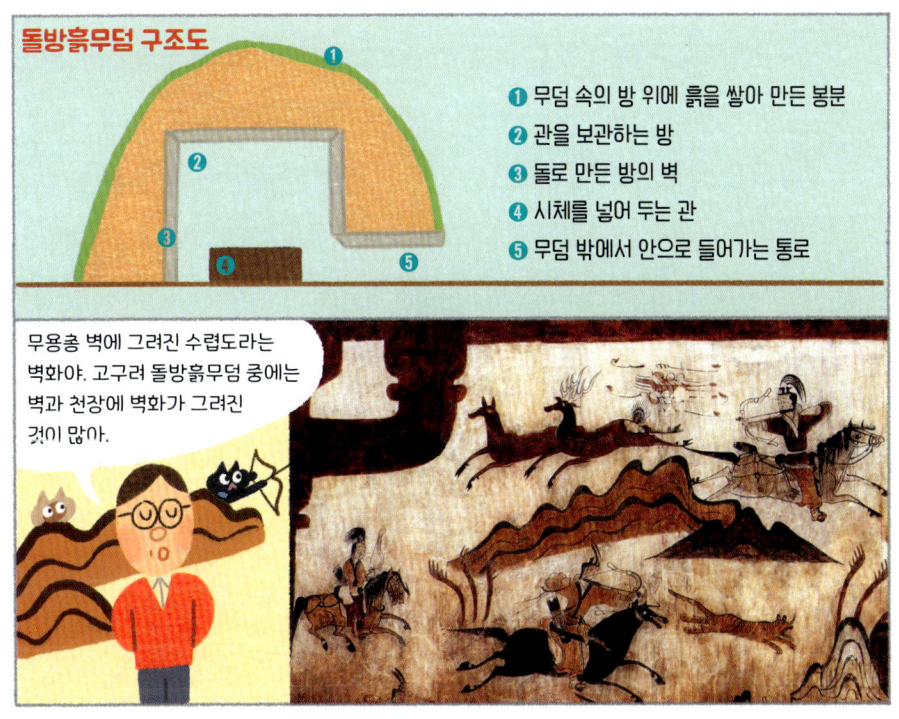

야. 이들 고분에 있는 벽화들은 고구려의 문화와 생활을 알려 주는 귀중한 자료가 되고 있단다.

삼국 사람들의 생활 모습

삼국 시대 사람들은 어떻게 살았을까? 궁금하지만 자료가 거의 없어서 잘 알 수 없어. 어떤 나라가 있었고, 왕들이 어떤 일을 했으며, 각 나라들이 서로 어떻게 교류하고 전쟁을 했는지에 대해서는 많지는 않아도 기록이 남아 있어. 그렇지만 삼국 시대 사람들이 무엇을 먹고 어떤 옷을 입었으며, 어떤 집에서 살았는지 하는 기록은 거의 없어. 아마 매일 계속되는 일상적인 일은 굳이 기록으로 남길 필요가 없다고 생각했을 거야.

그래서 삼국 시대 사람들의 생활 모습은 고분 벽화나 여러 가지 유물 등을 통해서 알아볼 수밖에 없어. 우선 고구려 고분 벽화가 대표적이야. 고구려 사람들은 죽은 사람이 생전에 살던 모습을 벽화로 표현하여, 죽어서도 이승에서처럼 살기를 바랐어. 따라서 고구려 고분 벽화를 잘 살펴보면 고구

고구려 수산리 고분 벽화의 복원된 모습이야. 앞에서 보았던 귀족의 외출 장면과 같은 모습이지. 하지만 신분에 따라 높은 신분인 귀족과 그 가족은 크게 그리고, 나머지 하인이나 재주꾼은 작게 그렸어.

려인들의 생활 모습을 알 수 있어. 앞(152~153쪽)에서 본 것이 고분 벽화에 나타난 고구려 귀족의 외출 모습이야. 아마도 어느 귀족이 가족을 이끌고 나들이 가는 모습일 거야. 이처럼 귀족이 외출할 때 하인은 일산을 들고 따라가고, 재주꾼들은 재주를 부려 귀족들을 즐겁게 해 주었어. 우리는 이런 모습을 고구려 수산리 고분에 있는 벽화를 통해 알 수 있는 거야.

신라의 경우에는 여러 가지 형태의 토우가 있어. 토우란 동물이나 사람의 형상을 흙으로 만든 거야. 토기에 토우가 붙어 있는 경우가 많고, 별도로 토우를 만들어 무덤에 넣기도 했어. 또 신라나 가야에서는 집이나 배, 오리, 짚신 등 여러 가지 모습을 표현한 상형 토기를 만들어 남기기도 했어. 이런 토우와 상형 토기도 신라와 가야 사람들의 생활 모습을 이해하는 데 큰 도움이 되지. 백제에는 이런 생활 문화 자료가 별로 남아 있지 않지만, 백제 금동 대향로에 표현된, 악기를 연주하거나 수렵하는 모습을 통해 백제인들의 생활을 조금은 엿볼 수 있어.

신라에서 발견된 토우 붙은 항아리야. 여러 가지 모습의 토우가 토기에 붙어 있어.

가야 지방에서 발견된 집 모양의 토기야.

신라 경주 금령총에서 나온 배 모양의 토기야.

그럼 삼국 시대 사람들이 어떻게 살았는지 알아볼까?

벽화 그림이나 토우를 통해서 삼국 시대 사람들이 무엇을 먹었는지 알기는 어려워. 밥을 먹을 때 어떤 도구를 썼는지, 어떤 모습으로 식사를 했는지는 알 수 있지. 무엇을 먹었는지는 유물을 발굴할 때 나온 곡식이나 역사책을 통해 알 수 있어. 삼국은 기후 환경에 따라 재배하는 곡식에 차이가 있었어. 날씨가 추운 북방에 있는 고구려에서는 쌀보다는 보리나 조, 콩, 기장, 수수 등의 잡곡을 많이 재배했어. 따뜻한 한반도 남쪽에서는 벼농사가 이루어졌지. 그렇다고 쌀이 넉넉했다는 것은 아니야. 농사 기술이 좋지 않아서 가뭄이나 홍수에 따라 벼농사를 망치는 경우가 많았어. 그래서 쌀은 귀한 곡식이었고, 많은 사람들은 콩과 보리 등 잡곡을 주식으로 삼았어.

고구려 고분 벽화를 보면 호화로운 기와집 그림이 많아. 귀족들은 그런 집에서 살았을 거야. 기와집을 짓는 것은 쉬운 일이 아니야. 지붕이 무겁기 때문에 돌로 주춧돌을 놓아야 하고, 기둥도 굵고 크게 세워야 해. 또한 기와를 굽는 것도 어려운 기술이었지. 그래서 삼국 시대에는 왕궁과 관청, 절이나 귀족들의 집만 기와를 쓸 수 있었을 거야. 일

황해도 안악 3호분에 있는 고구려 고분 벽화야. 왼쪽에는 부엌에서 불을 지피는 사람과 시루에 요리를 하는 사람, 그릇을 정리하는 사람이 있어. 가운데 있는 고기 창고에는 여러 종류의 고기들이 걸려 있고, 오른쪽에는 수레를 보관하는 창고도 보여.

황해도 안악 1호분에 그려져 있는 고구려 고분 벽화야. 귀족들이 살았던 호화로운 기와집이 잘 표현되어 있어.

반 백성들은 짚이나 풀로 지붕을 엮은 초가집에서 살았어.

고구려 고분 벽화에 나오는 사람들의 옷차림을 보면 대부분 저고리와 바지, 치마, 두루마기를 입고 있어. 남자와 여자 모두 저고리를 입었는데 엉덩이를 덮을 정도로 길고, 저고리 소매 가장자리에는 옷과 다른 색의 천으로 띠를 둘렀지. 저고리와 바지, 치마는 서로 다른 색깔로 맞추어 입기도 했어. 고구려 여자들 사이에서 유행하던 옷은 주름치마였던 것 같아. 또 바지를 입은 여자들의 모습도 많은 걸 보면, 폭이 넓은 바지도 여성들의 즐겨 입는 옷이었던 것 같아. 고구려인들은 물방울무늬의 옷을 즐겨 입었나 봐. 귀족과 하인, 남자와 여자 모두 저고리, 바지, 치마에 물방울무늬가 들어가 있어. 이러한 옷차림은 신분에 따라 달라서,

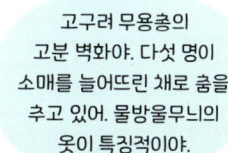

신라에서 만들어진 초가집 모양의 토기야. 일반 백성들의 집 모양이 이랬을 거야. 크게 만들어진 굴뚝은 먹을 것이 풍족하기를 바라는 마음을 담은 것 같아.

고구려 무용총의 고분 벽화야. 다섯 명이 소매를 늘어뜨린 채로 춤을 추고 있어. 물방울무늬의 옷이 특징적이야.

신분이 높은 무덤의 주인공은 다른 사람들보다 화려하게 꾸민 옷을 입고 있어. 백제와 신라 사람들도 고구려 사람들의 옷과 조금은 차이가 있지만 대개 비슷한 모양의 옷을 입었을 거야.

왜 어떤 무덤은 '릉'이라 하고, 어떤 무덤은 '총'이라 부르는 건가요?

옛 무덤을 고분이라고 하는데, 어떤 고분은 '총'이라고 부르고 어떤 무덤은 '릉'이라고 부르는 걸 볼 수 있어. 총과 릉은 둘 다 무덤을 뜻하는 한자인데, 왜 다르게 부르는 걸까?

무덤의 주인이 어떤 왕인지 확실히 알 수 있는 경우에는 '릉'이라고 불러. 반면에 왕족의 무덤이 분명하지만, 무덤의 주인이 누구인지 확실하지 않을 경우에는 '총'이라고 부르지.

예를 들면 백제 무령왕릉이나 신라 무열왕릉은 무덤의 주인이 무령왕과 무열왕으로 확실하게 알려진 경우야. 하지만 천마총이나 황남 대총 같은 경우에는 무덤의 주인이 밝혀지지 않았어. 그래서 '릉'과 '총'으로 구분하는 거야.

특히 신라의 무덤에는 발굴된 유물로 보았을 때 왕족의 무덤임이 확실하지만, 주인이 누구인지 모르기 때문에 '총'으로 붙여진 것들이 많아. 금관이 출토된 서봉총, 금관총, 금령총 등이 그 예라고 할 수 있지.

같은 무덤이라도 주인을 알고 있을 때와 모를 때 서로 다르게 부르는 거네요!

생각 넓히기

1 생각해 보기

다음은 삼국 시대에 만들어진 고분에 대한 설명이야. 그 당시 왕이나 귀족들이 큰 규모의 고분을 만든 이유가 무엇인지 생각해 보자.

삼국의 도성과 그 주변에는 고분들이 많이 남아 있다. 고분이란 옛날 사람들의 무덤인데, 그 주인은 왕이나 귀족들이었다. 지금도 경주나 공주, 부여에 가면 큰 규모의 고분들을 볼 수 있다. 고분에는 벽화나 유물들이 많이 남아 있다.

2 활동해 보기

다음은 고구려 수산리 고분 벽화야. 벽화에는 귀족의 가족이 외출하는 모습이 그려져 있어. 벽화를 보고 만일 내가 작게 그려진 하인이었다면 어떤 느낌일지 생각 주머니를 채워 보자.

11장 고구려, 수와 당을 물리치다

여기는 고구려의 청천강이야. 전쟁이 한창 벌어지고 있어. 그런데 군인들이 계속 강 쪽으로 쫓기고 있어. 고구려군이 일방적으로 몰아붙이고 있네. 어떤 나라와 전쟁을 벌이는 걸까? 왜 저 군인들은 여기까지 왔다가 쫓기는 걸까?

질문 있어요!

저기, 궁금한 게 있어요!

무엇이든 물어보세요!

우리가 이겼어요! 수나라 대군을 물리쳤다고요!

대단해!

정말 엄청난 승리를 거두었네요!

이제 수나라가 쳐들어오는 일은 없겠지요? 이렇게 대패를 당했으니…!

하지만 이후에도 수나라는 물론, 그 뒤를 이은 당나라까지 고구려를 위협하는 일은 끊이지 않았어. 중국을 통일한 국가들은 이웃의 강력한 국가였던 고구려를 가만히 놓아두지 않았던 거야.

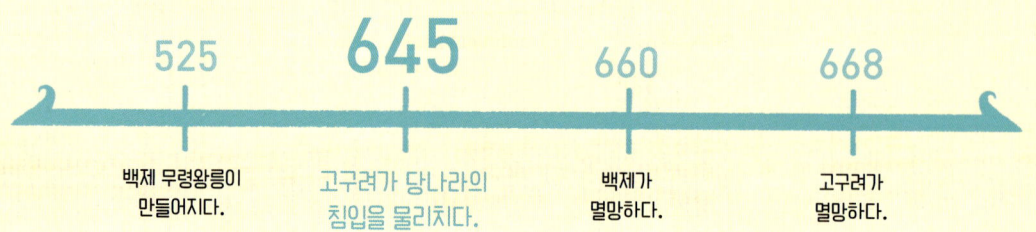

525	645	660	668
백제 무령왕릉이 만들어지다.	고구려가 당나라의 침입을 물리치다.	백제가 멸망하다.	고구려가 멸망하다.

수나라의 중국 통일과 고구려 침공

장수왕이 이끄는 고구려가 한창 세력을 떨칠 무렵에, 중국에는 남북조 시대라고 하여 북쪽과 남쪽에 각각 다른 나라들이 세워져 서로 대립하던 시대가 있었다고 했지? 북조 국가와 남조 국가뿐만 아니라 초원 지대의 국가들까지 서로 견제하느라고 고구려와 동맹을 맺었다고 했잖아. 이 때문에 고구려는 이 나라들과 전쟁을 치르지 않고 세력을 유지할 수 있었어. 그런데 그로부터 200년 정도 지났을 때 중국에서 큰 사건이 일어났어. 589년에 수나라가 중국을 통일한 거야. 무려 370여 년 동안 여러 개의 나라로 나뉘어 있었던 중국이 하나의 나라로 통일된 거지.

수나라가 중국을 통일하자 수나라와 국경을 맞대고 있는 고구려는 큰 위협을 느끼게 되었어. 고구려는 장차 있을지도 모를 수의 침공에 대비하기 시작했어. 군사를 모으고 무기를 수리하며 군량을 비축해 두었지. 이러한 고구려의 움직임을 눈치챈 수나라 왕 문제는 고구려에게 신하의 나라가 될 것을 요구했어. 하지만 '고구려가 천하의 중심'이라는 생각을 갖고 있던 고구려 사람들은 이런 요구를 받아들이지 않았어. 오히려 고구려 영양

왕은 말갈 병사 1만 명을 이끌고 수나라 요서 지방을 먼저 공격했어. 영양왕은 요서 지방에 군사 거점을 마련하여 수나라 공격에 대비하려는 계획이었지. 또 수나라가 어떻게 나오나 반응을 떠보려는 뜻도 있었어.

이에 화가 치민 문제는 30만 명이 넘는 군사를 보내 고구려를 침공했어. 하지만 요동 지방으로 진군하던 육군은 홍수를 만나 군량 보급이 끊기고 질병까지 나돌아 많은 군사들이 죽었어. 해군 역시 배를 타고 평양성으로 향하다가 풍랑을 만나 많은 배가 침몰되고 말았지. 결국 수나라 군대는 정작 고구려 땅은 밟아 보지도 못한 채 많은 군사들만 잃고 되돌아가고 말았어.

을지문덕, 살수에서 큰 승리를 거두다

수나라 문제의 뒤를 이어 왕이 된 양제는 야심이 매우 컸어. 주변에 남아 있던 나라들을 굴복시킨 후에 고구려를 침략할 기회를 엿보고 있었지. 마침내 612년 1월에 양제는 113만 명의 대군을 이끌고 고구려를 공격했어. 식량과 물자를 운반하는 부대는 그 두 배가 넘었다고 해. 이렇게 엄청난 군대가 차례로 출발하는 데만도 40일이 걸렸다고 하니, 얼마나 많은 군대가 동원되었는지 짐작할 수 있겠지? 이렇게 어마어마한 군대를 이끌고 가면서 양제는 고구려쯤이야 단숨에 정복할 수 있을 거라고 자신했을 거야.

하지만 양제의 자신감은 곧 꺾이고 말았어. 요하에 다다른 수나라 군대는 다리를 만들어 요하를 건너려다 고구려군의 공격을 받아 첫 싸움부터 패배를 당했어. 가까스로 요하를 건넌 수나라 군대는 요동성으로 진격했어. 요동성은 요동 일대에서 가장 중요한 성이야. 고구려 군사들은 백만이 넘는 수나라 군대와 맞서 싸우는 것은 현명하지 못하다고 생각해서 성문을 굳게

닫고 지키기만 했어. 수나라 군대는 온갖 무기들을 동원해서 요동성을 공격했지만, 고구려 군사들은 성을 굳건하게 지켜 냈지. 5월이 되자 양제가 직접 요동성에 도착해 지휘했지만 요동성은 끄떡없었어.

3개월이 지나도록 요동성을 함락시키지 못하자 양제는 초조해졌어. 그래서 우중문과 우문술 두 장군에게 30만 5천 명의 군사를 주어 평양을 공격하라고 명령했어. 또한 해군에게는 황해를 건너 평양까지 가도록 했지. 대동강 입구에 도착한 수나라 해군은 고구려 군대와 싸워 승리를 거두자 자신감이 넘쳤어. 첫 승리에 기고만장한 수나라 해군은 육군을 기다리지 않고 평양성으로 들어갔어. 하지만 이것은 고구려군의 작전이었어. 수나라 해군을 유인하기 위해 일부러 져 주었던 거야. 평양성에 숨어 있던 고구려군은 성에 들어온 수나라 해군을 기습 공격하였고, 겨우 살아남아 도망친 수나라 해군은 다시는 평양성을 공격할 엄두를 내지 못했지. 원래 수나라 해군은 수나라 육군이 평양에 도착하면 식량과 무기를 공급하는 것이 중요한 임무였어. 그러나 고구려군에 패하면서 해군이 후퇴했기 때문에, 나중에 평양성에 도착한 육군은 아무것도 받을 수가 없었어.

그럼 이때 수나라 육군은 어디쯤 있었을까? 양제의 명령을 받고 길을 떠

난 우중문과 우문술의 군대가 압록강에 이르렀을 때, 벌써 식량이 떨어지고 말았어. 수나라 군대는 처음에 100일치 식량을 짊어지고 왔는데, 군사들이 너무 무거워서 도중에 몰래 버리는 바람에 식량이 다 떨어져 버린 거야. 고구려 군을 지휘하던 을지문덕은 수나라 군사들이 굶주리고 지쳐 있다는 것을 눈치챘어. 그래서 일부러 하루에 7번 싸우면 7번 모두 져 주면서 수나라 군대를 평양성까지 유인했지. 수나라군은 을지문덕의 작전대로 살수(청천강)를 건너 평양성에서 30리 떨어진 곳까지 쫓아왔어. 하지만 수나라 육군은 굳건한 평양성을 보고 맥이 풀렸어. 몸은 피곤하고 식량도 떨어졌는데, 식량과 무기를 대 줄 해군은 바다에서 꼼짝 못 하고 있었으니까 말이야. 수나라 육군은 평양성 공격은커녕 어떻게 도망칠까 궁리부터 했어.

　상황이 어렵다는 것을 깨달은 우중문과 우문술은 고구려가 거짓으로 항복하자, 이를 구실로 후퇴하기 시작했어. 이때 기회를 엿보던 고구려군이 사방에서 공격을 시작하자 수나라 군대는 도망가기 바빴지. 살수에 이르렀을 때 고구려군은 마지막 공세를 퍼부어 큰 승리를 거두었어. 앞(170~171쪽)에서 본 것처럼 도망치기 바빴던 수나라군은 고구려군에 쫓겨 살수로 뛰어들 수밖에 없었던 거야. 살수를 건너 살아 돌아간 수나라 군사는 겨우 2천 7백 명에 지나지 않았다고 해. 이것이 유명한 살수 대첩이야. 육군과 해군의

 연이은 참패에 결국 양제는 군대를 돌려 후퇴하고 말았어. 백만 대군을 거느리고 쳐들어왔던 양제로서는 씻을 수 없는 치욕을 맛본 셈이지.
 그 후에도 양제는 두 차례 더 고구려를 침공했지만 모두 실패했어. 그리고 얼마 후에 수나라는 멸망하고 말았어. 사실 고구려 침공을 하기 전부터 수나라 국내 사정은 어지러웠어. 대운하를 만드느라 대규모 토목 공사가 이어지면서 백성들이 살기가 어려워졌거든. 여기에 고구려와 전쟁을 하느라 수백만 백성이 동원되고, 수레나 소, 말 등을 모두 끌어다 썼으니 백성들의 불만이 아주 컸지. 농사지을 사람이 없어 논밭이 버려지고 백성들의 생활은 아주 어려워졌어. 결국 곳곳에서 농민 봉기가 일어나고, 귀족과 호족들이 저마다 자기 세력을 키우면서 다시 중국 대륙은 혼란에 휩싸였어. 618년에 양제가 살해되면서 수나라는 40년이 채 못 되어 멸망하고 말았어.

당나라의 등장과 연개소문

 중국 대륙에서 수나라가 무너지고 그 뒤를 이어 당나라가 등장했어. 당나

고구려의 천리장성은 당의 침략을 막기 위해 요동 지역에 세운 장성이야. 성을 쌓는 데 16년이나 걸렸다고 해. 천리장성은 이후 고려 시대에도 쌓았는데, 고구려의 천리장성과는 다른 것이니 헷갈리면 안 돼!

라는 전쟁으로 힘들었던 백성들의 생활을 안정시키고 지방 호족들도 제압해야 했어. 또 혼란을 틈타 세력이 커진 초원 지대의 유목 국가인 돌궐과 싸워야 했지. 이 때문에 처음에 당나라는 고구려와 다투지 않으려 했어. 고구려도 수나라와 전쟁으로 힘을 많이 썼기 때문에 싸우지 않고 지내기를 원했어. 하지만 중국을 통일하고 북방의 초원 지대와 서역마저 정벌한 뒤에는 당의 입장이 바뀌었어. 이제 유일하게 남은 강력한 세력인 고구려로 눈길을 돌렸지. 수나라와 마찬가지로 고구려를 차지하려는 야심을 드러낸 거야. 이에 맞서 고구려도 부여성에서 발해만의 비사성으로 이어지는 천리장성을 쌓았어. 이후 고구려와 당나라 사이에는 사신 왕래가 끊겼고, 관계도 점점 나빠졌어.

그러던 중에 고구려에서 큰 사건이 일어났어. 642년 10월에 고구려의 대신 연개소문이 평양성 남쪽 벌판에서 열린 행사에 참석한 대신 1백여 명을 죽이고, 궁중으로 달려가 영류왕마저 죽인 거야. 그러고는 영류왕의 조카를 보장왕으로 세우고, 스스로 가장 높은 관직인 대막리지(태막리지)가 되어 정권을 잡았지. 원래 연개소문 집안은 고구려 후기 최고 명문 귀족 집안이었어. 연개소문의 할아버지와 아버지가 모두 최고의 벼슬인 막리지와 대대로를 지냈어. 이렇게 연개소문 집안이 대를 이어 권력을 차지하자 다른 귀족들이 연개소문 집안을 견제했어. 《삼국사기》에 따르면 연개소문의 아버지가 죽은 뒤 연개소문이 아버지의 관직인 대대로 자리를 이어받으려 했지만, 다른 대신들이 반대했다고 해. 그래서 연개소문이 머리를 조아려 대신들에게 사죄한 뒤에야 간신히 대대로에 오를 수 있었대. 그 뒤에도 영류왕과 대신들은 연개소문을 견제하기 위해, 그를 천리장성을 쌓는 책

임자로 임명하여 멀리 지방으로 보내려고 했어. 그래서 연개소문이 자신의 권력을 유지하기 위해 먼저 선수를 쳐서 정변을 일으켰던 거야.

연개소문은 정권을 차지한 뒤에 당의 침략을 걱정했어. 그래서 처음에는 당나라에 도교를 전해 달라고 사신을 보내는 등 온건한 외교 정책을 취했지. 그러나 당나라 태종은 이미 고구려를 침략하기로 결심하고 있었어. 다만 구실이 없었는데 이런 일이 생긴 거야. 그래서 태종은 고구려 침략의 명분으로, 왕을 죽이고 권력을 차지한 연개소문의 죄를 묻겠다고 내세웠어. 연개소문도 당나라 태종이 자신을 목표로 삼고 있었기 때문에 물러설 수 없었지. 이제 당과 고구려의 전쟁은 시간문제였어.

당나라 태종의 침공과 안시성 전투

고구려를 공격하기로 마음먹은 태종은 전쟁 준비가 갖추어지자 침략에 나섰어. 645년 1월, 당나라 군대는 여러 길로 나누어 일제히 고구려를 공격했어. 또 당나라 해군은 바다를 건너 요동반도 남쪽 끝에 자리 잡은 비사성

을 공격했지. 이러한 작전은 수나라 양제가 고구려 정벌에 실패한 이유를 잘 살펴보고 마련한 새로운 작전이야. 양제는 요동성 공격에만 집중했기 때문에 주변 여러 성들이 요동성을 지원하는 것을 막지 못했어. 그래서 태종은 다른 성들을 먼저 공격해서 제압한 뒤에, 요동성을 공격하려고 했던 거야. 그렇지만 당나라 군대의 기습 공격에도 고구려는 신성과 건안성 등 중요한 성을 지켜 냈어. 신성과 건안성의 고구려군은 그 뒤에도 당나라 군대를 계속 괴롭혔어.

그런데 5월 들어 요동성이 당나라 군대의 공격을 견디지 못하고 함락되었어. 수나라 양제의 거센 공격에도 굳건하게 버텼던 요동성이 이번엔 무너지고 만 거야. 요동에서 가장 중요한 요동성이 당나라군의 손에 들어가면서 고구려의 방어선이 흔들리게 되었어. 이제 요동 지역에서 고구려의 중요 거점은 신성과 건안성, 안시성만 남게 되었어. 당나라군은 안시성으로 몰려갔어. 안시성이 무너지면 당나라군이 평양으로 가는 길에 막을 곳이 없었어. 위기를 느낀 연개소문은 15만 명의 군사를 동원하여 안시성을 구원하도록 했지만, 당나라군의 유인 작전에 말려들어 크게 패배하고 말았어. 구원군마저 패배한 고구려는 큰 위험에 처하게 되었지.

이제 고구려의 유일한 희망은 안시성이었어. 당나라의 모든 군대가 태종

당나라의 대군을 막아 낸 안시성 전투 장면을 그린 민족 기록화야.

의 지휘 아래 안시성을 겹겹으로 에워싸고 맹렬하게 공격했어. 그러나 안시성의 고구려군 역시 조금도 굴하지 않고 당나라군의 총공세를 막아 냈어. 당나라군이 토산을 쌓아 공격하면 고구려군은 성벽을 더 높이 쌓아 막았어. 당나라군이 성벽을 파괴하면 고구려군은 목책으로 무너진 곳을 막았지. 이러기를 하루에 6, 7차례나 계속하였지만 안시성을 무너뜨리지 못했어.

당나라 태종은 최후의 수단으로 성보다 높이 흙으로 토산을 쌓아 안시성을 내려다보며 공격하기로 했어. 군사들을 동원하여 밤낮으로 쉬지 않고 60여 일에 걸쳐 거대한 토산을 쌓았지. 하지만 토산 일부가 무너지자, 이 틈을 놓치지 않고 고구려군이 재빨리 토산을 차지해 버렸어. 당나라군은 애써 쌓은 토산을 되찾기 위해 3일 동안 총공격에 나섰지만 실패하고 말았어. 9월에 접어들면서 찬 바람이 불기 시작했어. 최후의 공격 수단인 토산도 빼앗기고 식량도 다 떨어진 당나라군은 더 이상 버틸 수 없었어. 마침내 당 태종이 철수하라는 명령을 내렸지. 이때 태종이 군대를 돌이키면서 성을 잘 지킨 안시성 성주에게 비단 백 필을 주어 그 공을 격려하였고, 안시성 성주는 성 위에 올라가 깃발을 눕히고 당 태종에게 작별 인사를 했다는 이야기가 전해 오고 있어. 전쟁을 치르는 상대였지만 서로를 존중해 주었다는 이야기야. 중국 대륙을 통일하고 주변의 여러 나라를 모두 정복하여 통일 대제국을 건설했던 당나라 태종의 위세도 고구려 안시성 앞에서는 꺾이고 말았어.

인물 탐구

연개소문은 왜 정변을 일으켰나요?

연개소문은 고구려의 명문 귀족 집안 출신이었어. 할아버지와 아버지가 최고의 관직인 막리지와 대대로를 지냈고, 아버지가 죽은 뒤에는 연개소문도 대대로 자리를 이어받게 되어 있었지.

하지만 다른 대신들이 반대했어. 반대한 이유가 겉으로는 연개소문의 성품이 포악해서였다고 하는데, 사실은 연개소문 가문이 너무 오랫동안 높은 자리를 차지하고 있는 것에 대한 불만이 컸기 때문이야. 또 당나라에 대한 입장 차이도 있었어. 영류왕을 비롯한 대신들은 가급적 당나라와 전쟁은 피하자는 생각이었어.

반면에 연개소문의 집안은 예전부터 당나라에 대해 강경한 태도를 취하고 있었어. 연개소문도 마찬가지 입장이었지. 아무튼 연개소문은 대신들에게 머리를 숙이고 대대로가 되었지만, 영류왕과 대신들은 연개소문을 경계해서 지방으로 내쫓으려고 했어.

이를 눈치챈 연개소문은 정변을 일으켜 영류왕과 대신들을 죽이고 대막리지가 되어 모든 권력을 잡았어. 정권을 잡은 연개소문은 당나라의 침공을 막아 냈지만, 지나치게 권력을 독점하여 결국 연개소문 자식들의 분쟁으로 나라가 멸망하게 되었어.

정변을 일으켜 권력을 독점하는 것은 예나 지금이나 결과가 좋지 않군요!

생각 넓히기

1 생각해 보기

다음은 고구려의 권력자였던 연개소문에 대한 두 사람의 각기 다른 평가야. 다음을 보고 나는 연개소문을 어떻게 평가하는지 내 생각을 써 보자.

> 연개소문은 자신의 권력을 유지하기 위해 정변을 일으켰어. 연개소문은 군사들을 동원하여 영류왕과 대신들을 죽이고 대막리지가 되어 모든 권력을 잡았지. 연개소문은 권력을 위해 수단과 방법을 가리지 않은 사람이야.

> 정변을 일으켜 정권을 잡았지만, 연개소문은 여러 차례에 걸친 당나라의 침공을 잘 막아 냈어. 고구려를 지킨 영웅이라고 할 수 있지.

2 활동해 보기

중국을 통일한 수나라는 고구려에게 신하의 나라가 될 것을 요구했어. 하지만 고구려는 이를 무시하고 오히려 먼저 수나라를 공격했지. 고구려가 그렇게 한 이유가 무엇이었는지 생각하여 써 보자.

> 우리 수나라는 중국을 통일했어. 고구려도 이제 우리 신하가 되어라!

> 우리 고구려를 우습게 보지 마! 그러다가 혼난다!

수나라 / 고구려 / 신라 / 백제

12장 삼국 통일 전쟁

여기는 백제의 황산벌이야. 백제와 신라 사이에 전쟁이 벌어지고 있어. 그런데 신라군에 비해 백제군의 수가 너무 적어. 백제군의 선두에 선 장군이 아주 용맹하게 싸우고 있네. 저 장군은 누구일까? 그리고 이 싸움에서는 누가 이겼을까?

신라, 당나라와 손을 잡다

고구려가 수나라와 당나라의 침공을 막아 내는 동안 백제와 신라는 서로 싸움을 벌이고 있었어. 백제의 성왕이 관산성 전투에서 신라군에게 목숨을 잃은 것을 기억하니? 그 후로 백제는 신라에 대한 복수에 매달렸어. 차근차근 다시 힘을 키운 백제는 무왕 때 여러 차례 신라 정벌에 나섰어. 신라로부터 많은 성을 빼앗고 영토도 제법 넓혔지. 무왕이 세상을 떠나자 맏아들인 의자왕이 왕위에 올랐어. 의자왕은 아버지 무왕의 뜻을 이어 계속 신라를 공격했어. 642년에는 신라의 서쪽에 있는 40여 개의 성을 빼앗았고, 또 고구려와 손잡고 신라의 당항성을 공격했어. 당항성은 신라가 중국에 사신을 보내는 중요한 항구야. 그동안에는 백제 혼자 신라를 공격했지만, 이제 고구려까지 백제와 손을 잡았으니 신라로서는 정말 큰 위기를 맞이한 거야.

같은 해에 의자왕은 또 다시 신라에 큰 타격을 가했어. 신라의 대야성(지금의 경상남도 합천)을 빼앗은 거야. 대야성은 신라와 백제를 잇는 길목에 있는 중요한 성이었거든. 이때 대야성을 지키고 있던 신라 장군은 김춘추의 사위인 품석이었어. 백제군은 대야성을 함락시키고 김춘추의 딸과 사위를 죽여 성왕의 죽음에 대한 복수를 한 거야. 이 전투는 백제가 신라와 싸워서 거둔 가장 큰 승리였어. 대야성을 빼앗기면서 신라의 서쪽 방어망이 흔들리게 되었지. 신라가 어려운 처지에 놓이게 되자, 딸과 사위를 잃은 김춘추가 직접 나섰어. 그는 선덕 여왕의 허락을 받고 고구려의 실권자인 연개소문에게 도움을 요청하기 위해 고구려로 찾아갔어.

김춘추는 연개소문과 마주 앉아 담판을 벌였어. 연개소문은 신라를 도와줄 테니 그 대신 진흥왕 때 신라가 고구려로부터 빼앗아 간 땅을 돌려 달라고 요구했어. 고구려가 아무 대가도 없이 신라를 도와줄 리 없잖아? 이제 막 정변을 일으켜 정권을 잡은 연개소문은, 다급해서 찾아온 김춘추를 압박하여 빼앗긴 땅을 돌려받을 수 있다면 좋겠다고 생각했을 거야. 당연히 신라는 땅을 돌려줄 수 없다고 했고 협상은 깨지고 말았어. 연개소문도 신라가 순순히 땅을 내놓으리라고는 생각하지 않았을 거야. 이처럼 무리한 조건을 내건 것은 김춘추의 요구를 들어줄 수 없다는 뜻이었지.

그 뒤 당 태종이 고구려를 침공했다가 실패하자, 김춘추는 이번에는 당나라에 도움을 요청하기 위해 길을 떠났어. 당 태종을 만나 고구려의 남쪽에 있는 신라와 동맹을 맺으면 고구려를 무너뜨릴 수 있다고 설득했어. 결과는 성공이었어. 당 태종은 신라와 손잡고 먼저 백제를 친 뒤에 고구려까지 정

복하는 게 좋겠다고 생각했어. 그런 다음에는 신라까지 차지하려는 속셈이었지. 신라도 당나라의 속셈을 알고 있었지만 우선은 백제를 막는 것이 중요했어. 이처럼 서로 다른 속셈을 가진 채 신라와 당나라는 동맹을 맺게 된 거야. 이때 김춘추와 당 태종은 백제와 고구려를 무너뜨린 다음에, 대동강 이북은 당나라가 차지하고 대동강 이남은 신라가 차지하기로 약속했어.

660년 3월, 이제는 왕이 된 태종 무열왕 김춘추에게 당 태종의 뒤를 이은 당 고종으로부터 편지가 도착했어. 당이 13만 명의 군대를 보낼 터이니, 신라도 군사를 모아 백제로 진군하라는 내용이었지. 무열왕은 곧 김유신을 사령관으로 삼아 백제 정벌군을 소집했어. 신라군과 당나라군은 7월 10일에 백제 기벌포(지금의 금강 하구)에서 만나 사비성을 공격하기로 약속했어. 이제 바야흐로 한반도에 한바탕 전쟁의 소용돌이가 몰아치게 된 거야.

황산벌에 남은 계백의 충정

백제 의자왕은 신라와 전투에서 계속 승리하자 자만에 빠졌어. 처음 왕이 되었을 때의 용맹함과 나라를 잘 다스리던 모습은 사라져 버렸지. 의자왕은 궁궐을 화려하게 수리하고 사치에 빠져 나라를 돌보지 않았어. 좌평 성충이 간곡하게 충언을 했지만 귀담아 듣기는커녕 감옥에 가두어 버렸어. 성충은 감옥에서도 글을 올려, 곧 전쟁이 있을 것이니 적이 쳐들어오면 육지에서는 탄현에서 막고 바다에서는 기벌포에서 막아야 한다고 했지. 하지만 의자왕은 성충의 말을 듣지 않았어. 의자왕과 신하들은 백제의 최후가 다가오고 있음을 알지 못했어.

660년 6월, 신라군이 백제를 향해 오고 있다는 소식을 듣고서도 의자왕은 신라가 백제를 공격하리라고는 전혀 생각하지 못했어. 그런데 알고 보니 신라의 5만 군사는 땅으로, 당나라 13만 군사는 바다로 백제 사비성을 향해 진군해 오고 있는 거였어. 뒤늦게 이를 알게 된 의자왕과 신하들은 어쩔 줄 몰라 허둥댔지. 감옥에 갇혀 있던 흥수에게 막을 방법을 묻자, 흥수 역시 성충과 마찬가지로 탄현과 기벌포를 서둘러 막으라고 했어. 그러나 의자왕과 대신들이 우왕좌왕하는 사이에 신라군은 이미 탄현을 지나고 있었고, 당나라 군대는 기벌포에 상륙했어.

다급해진 의자왕은 계백에게 5천 명의 결사대를 이끌고 신라군을 막으라 명령하고, 장군 의직에게는 나머지 군사를 모아 당나라군을 막으라고 했어. 계백은 황산벌로 출정하면서 이미 나라의 운명이 기운 것을 알았지. 살아서 돌아올 수 없다는 것을 알면서도 계백과 그가 거느린 5천 결사대는 최후의 전장으로 향했어.

계백이 이끄는 결사대는 황산벌에서 10배나 되는 5만의 신라군과 맞서 싸웠어. 앞(184~185쪽)에서 본 것처럼 수적으로 열세였지만 죽을 힘을 다해 싸웠지. 계백은 군사들을 이끌며 선두에서 용맹하게 싸웠어. 죽음을 각오한 결사대는 놀랍게도 네 번 싸워 네 번 다 승리를 거두었어. 신라의 김유신은 고민스러웠어. 당나라군과 기벌포에서 만나기로

계백이 이끄는 백제군과 김유신의 신라군이 맞붙었던 황산벌의 모습이야. 황산벌은 충청남도 논산시 일대의 넓은 벌판을 말하는 거란다.

했는데 계속 패하면서 앞으로 나아가지 못하고 있으니 말이야. 이럴 때는 무엇보다 군사들의 사기가 중요했어. 죽음을 각오하고 싸우는 백제군을 압도하는 기세가 필요했던 거야. 이때 김유신의 뜻을 짐작한 장군 흠순이 아들 반굴을 불렀어. 흠순은 김유신의 동생으로 부사령관을 맡고 있었어.

"신하는 충성을 다해야 하며, 자식은 효도를 다해야 한다. 오늘처럼 신라군이 위급할 때 네 목숨을 바치면 충성과 효도, 이 두 가지를 모두 얻을 수 있다. 내 뜻을 알겠느냐?"

"네, 아버님의 뜻을 받들겠습니다."

그리고 화랑 반굴은 홀로 적진에 뛰어들어 힘껏 싸우다가 죽었어.

뒤이어 장군 품일 역시 아들 관창을 불렀지.

"너는 비록 어린 나이지만 화랑으로서 뜻과 기개가 있다. 오늘이 바로 네 이름을 떨칠 수 있는 때이니 용기를 내거라."

화랑 관창 역시 홀로 여러 차례 백제 진영에 뛰어들어 싸우다가 장렬하게 전사했어. 이를 본 신라 진영에서는 분노가 솟아올랐어. 두 젊은이의 희생에 기세가 오른 신라군은 마침내 계백이 이끄는 백제군을 물리치고 기벌포로 향했어.

신라군 5만 명과 당나라군 13만 명을 막기에는 백제 군사가 너무 적었어.

계백의 5천 결사대가 무너지고, 장군 의직이 거느린 군대도 당나라군에 패하면서 사비성은 무방비 상태가 되었지. 신라군과 당나라군이 사비성을 포위하자, 의자왕은 홀로 웅진성으로 도망쳤다가 결국 며칠을 버티지 못하고 항복하고 말았어. 700년 가까이 번영을 누리던 백제가 이렇게 순식간에 무너질 줄은 아무도 몰랐을 거야. 의자왕이 사비성을 굳게 지키고 몇 달만이라도 버티고 있었다면, 상황이 달라질 수도 있었을 텐데 말이야. 하지만 이처럼 사비성이 포위된 지 겨우 7일 만에 항복한 것을 보면, 의자왕과 백제 지배층이 얼마나 무능했는지 잘 알 수 있어.

무너지는 평양성

나당 연합군의 고구려 공격

660년에 백제를 멸망시킨 후 당나라는 여세를 몰아 고구려 공격에 나섰어. 당나라군의 계속되는 공격을 근근이 물리치고는 있었지만 전세는 고구려에 불리하게 돌아가고 있었지. 백제의 멸망으로 한반도에 군사 기지를 갖게 된 당나라군이 평양성을 남쪽에서도 공격할 수 있었거든. 게다가 신라로부터 군량을 공급받을 수 있었기 때문에 겨울철에도 군사 작전이 가능했어. 이래저래 고구려는 위기에 처하게 된 거야. 이처럼 불리한 정세 속에서 고구려를 이끌던 연개소문이 죽었어. 연개소문은 죽기 전에 그의 세 아들에게 싸우지 말고 힘을 합쳐 나라를 다스리라고 유언을 남겼어. 하지만 아버지의 당부에도 불구하고 연개소문의 세 아들은 서로 권력 다툼을 벌였어. 맏아들 남생이 아버지의 뒤를 이어 대막리지가 되었지만, 남건과 남산, 두 동생이 이에 반대하여 싸움이 일어났어. 동생들에게 쫓겨난 남생은 당에 항복하고 말았어. 연개소문의 동생인 연정토도 신라에 항복했지. 오랫동안 강력한 권력을 누리던 연개소문 집안이 한순간에 나라를 배신하고 적에게 항복했으니, 고구려도 더 이상 버티기 힘들게 되었어.

당나라는 항복해 온 남생을 이용해서 고구려를 공격하기로 했어. 고구려 사정에 밝은 남생의 안내를 받으며 당나라 군대가 고구려 땅 깊숙이 쳐들어왔지. 오랜 기간에 걸쳐 수나라와 당나라의 침공을 물리쳤던 고구려의 성들이 잇따라 무너졌어. 드디어 668년 9월에 당나라는 대규모 군대를 동원하여 고구려에 최후의 일격을 가했어. 신라도 군대를 보내 고구려의 최후를 지켜보았지. 수도인 평양성이 포위되었고, 고구려는 마지막 힘을 다하여 1개월 넘게 성을 지켰지만 더는 버티지 못했어. 결국 보장왕은 남건, 남산과 함께 항복하고 말았어. 오랫동안 만주와 한반도에서 빛나는 시대를 열었던 고구

어서 빨리 항복하고 나와!

지금도 남아 있는 평양성 내성의 북문 모습이야. 굳건하게 생긴 성곽과는 달리 고구려는 결국 멸망하고 말았어.

려의 역사가 막을 내린 거야.

수·당과의 전쟁에도 끄떡없었던 고구려의 최후치고는 좀 싱겁지? 지배층의 권력 다툼으로 그렇게 되었으니 내부 분열이 얼마나 무서운 건지 알 수 있을 거야. 백제와 고구려의 멸망에서 우리는 역사의 교훈을 얻을 수 있어. 지배층의 무능과 분열이 나라를 망하게 할 수 있다는 교훈 말이야.

사건 탐구: 화랑도는 어떤 조직이었나요?

화랑도는 신라에 있었던 청소년들의 교육과 수련 조직이라고 할 수 있어. 576년에 진흥왕이 국가적인 조직으로 정비했다고 하는데, 아마도 옛날부터 있었던 촌락 공동체의 청소년 모임에서 비롯된 것 같아. 이러한 조직은 신라만이 아니라 삼국에 모두 있었을 거야.

화랑도는 귀족 출신의 화랑 한 명과 승려 몇 명, 그리고 화랑을 따르는 낭도들로 이루어져 있었어. 승려들은 정신적으로 화랑을 지도하는 역할을 했지. 낭도의 수는 정해져 있지 않았는데, 많을 때는 1천 명이 넘었다고도 해. 낭도 중에는 평민들도 있었기 때문에 귀족과 평민이 서로 화합을 이루는 데에도 도움이 되었어.

화랑도에서는 효와 충을 가르치고, 산과 들을 찾아다니며 몸과 마음을 닦게 했어. 국가에 필요한 인재를 기르는 교육 기관의 역할도 했던 거야. 화랑도가 지켜야 할 정신으로는 원광 법사가 지었다는 '세속 오계'가 전해지고 있어.

이런 정신으로 무장한 화랑과 낭도들은 신라가 삼국을 통일하는 데 큰 역할을 했어. 황산벌 전투에서 목숨을 던져 충과 효를 지킨 관창과 반굴이 대표적이라고 할 수 있지.

세속 오계
충성으로 임금을 섬긴다.
어버이께 효도한다.
친구는 믿음으로 사귄다.
싸움터에서는 물러나지 않는다.
산 것을 죽일 때에는 가려서 한다.

똑똑하고 용감한 인재를 길러 통일의 기반을 닦은 거네요!

생각 넓히기

 **생각해 보기**

다음은 고구려가 나당 연합군에 의해 멸망하는 과정을 설명한 글이야. 다음 글을 읽고 강력했던 고구려가 쉽게 멸망한 이유가 무엇인지 생각해 보자.

백제를 멸망시킨 당나라는 그 여세를 몰아 고구려를 공격했다. 고구려에서는 연개소문이 죽고, 그의 세 아들이 서로 권력 다툼을 벌였다. 맏아들 남생이 아버지의 뒤를 이어 대막리지가 되었지만, 두 동생들에게 쫓겨나 당나라에 항복했다. 당나라는 남생을 앞세워 고구려로 쳐들어갔고, 신라도 힘을 보탰다. 수와 당의 침입을 잘 막아 냈던 고구려도 결국 얼마 버티지 못하고 항복하고 말았다.

_____
_____
_____

활동해 보기

신라의 화랑이었던 관창은 황산벌 싸움에서 신라군이 백제군에게 밀리자 적진에 뛰어들어 싸우다 전사했어. 적진으로 향하는 관창의 마음이 어땠을지 상상하여 써 보자. 그리고 16살의 청소년이 전쟁에 나가 목숨을 바쳐야 했던 당시 상황에 대한 자신의 생각을 써 보자.

_____
_____
_____

13장 백제, 고구려의 부흥 운동과 나당 전쟁

여기는 신라의 기벌포라는 곳이야. 금강 하구에 있는 곳이지. 전투가 이제 막 끝난 것 같아. 사람들이 만세를 부르고 있네. 전투에서 이긴 것이 기뻐서 그런 걸까? 어떤 나라와 싸워 이긴 것일까?

백제의 부흥 운동

 백제를 멸망시킨 뒤에 당나라 장군 소정방은 의자왕과 왕족, 대신과 귀족 등 2만 명을 포로로 삼아 당나라로 돌아갔어. 백제를 다스리던 지배층 대부분이 당으로 끌려간 셈이야. 그런 뒤에는 백제 땅에 당나라 군사 1만 명과 신라군 7천 명만 남겨서 지키게 했어. 백제는 이제 끝났다고 생각한 거야. 백제가 멸망하자 당나라는 숨기고 있던 속셈을 드러냈어. 백제 영토에 웅진도독부라는 당나라 관청을 세워 백제 땅을 차지하려고 했지. 하지만 애초에 백제 땅은 신라에게 주기로 당 태종과 김춘추 사이에 약속이 있었기 때문에, 신라는 신라대로 백제 땅을 순순히 넘겨주려 하지 않았어. 당나라도 약속은 했지만 일단 손에 들어온 백제 땅을 신라에게 주기는 싫었던 거지. 이렇게 당과 신라는 멸망한 백제를 놓고 서로 다른 생각을 하고 있었어. 다만 아직 고구려가 남아 있었기 때문에 서로 노골적으로

백제를 점령한 뒤에, 당나라 소정방은 정림사지 오층 석탑 몸돌에 '당나라가 백제를 평정했다'는 뜻의 글자를 새겨 넣었어. 나라만이 아니라 귀중한 문화 유산까지 망가뜨린 거야.

싸우지는 못했어.

　백제가 무너지고 얼마 지나지 않아 백제의 유민들은 나라 잃은 설움을 겪게 됐어. 당과 신라 점령군의 약탈과 횡포가 이만저만이 아니었거든. 그래서 백제 땅 곳곳에서 새로운 지배자인 당과 신라에 저항하며 백제를 다시 세우려는 움직임이 나타났어. 이를 백제 부흥 운동이라고 불러.

　661년에 임존성(지금의 충청남도 예산군 대흥)에서 달솔 벼슬을 지낸 흑치상지 장군이 백제 군사들을 불러 모았어. 나라가 망한 뒤에 여기저기 흩어져 있던 백제 군사들은 흑치상지의 부름에 한걸음에 모여들었지. 3만 명이 넘는 군사가 모여 기세를 올린 백제 부흥군은 당나라군과 싸우면서 200여 개의 성을 되찾았어. 또 의자왕의 사촌 동생인 복신은 승려 도침과 함께 사비성 가까이에 있는 주류성에서 백제 부흥의 깃발을 내걸었어. 복신과 흑치상지는 손을 잡고 나당 연합군에 맞서, 사비성을 포위하고 웅진 도독부가 있는 웅진성을 공격하는 등 위세를 떨쳤지. 그리고 다시 백제를 세우려면 왕이 필요했기 때문에 의자왕의 아들인 부여풍을 왜로부터 모셔 왔어. 부여풍은 왜에 볼모로 가서 30년 넘게 그곳에서 지냈기 때문에 당나라에 포로로 잡혀가지 않았던 거야. 부여풍을 새로 백제 왕으로 맞이하게 되자 백제 부흥군의 사기도 크게 올랐어.

　이렇게 백제 부흥군의 세력이 커지자 신라와 당나라는 크게 당황했어. 당나라군은 본국에 구원병을 요청했고, 신라 역시 백제 부흥군을 막기 위해 온 힘을 기울였지. 하지만 백제 부흥군의 기세는

백제의 부흥 운동

흑치상지
임존성
사비성
복신, 도침, 부여풍
주류성

점점 커져 갔고 백제 전 지역에서 그 위세를 떨치기 시작했어. 마침 신라 태종 무열왕이 죽고 문무왕이 즉위했다는 소식이 들려왔어. 또 당나라 군대가 고구려 공격에 나섰다는 소식도 들려왔지. 모두 백제 부흥군에게 유리한 소식이었어. 그러나 세력이 커지면서 백제 부흥군의 지도부 안에서 분열이 일어나기 시작했어. 복신이 도침을 죽이고, 다시 부여풍이 복신을 죽이는 일이 일어났어. 서로 믿지 못해 죽고 죽이는 일이 벌어지면서 백제 부흥군은 혼란에 빠졌고, 이를 눈치챈 신라와 당나라군의 공격이 시작되었지. 다급해진 부여풍은 왜에 도움을 요청하였고, 왜는 구원군 4만여 명과 함선 1천여 척을 파견했어.

663년 8월에 백강(금강)에서 마지막 혈전이 벌어졌어. 당나라 수군이 정박해 있던 왜의 함선들을 공격했고, 땅에서는 신라와 당의 군사들이 주류성을 공격했어. 백강에 모여 있던 왜선 1천여 척 중 400여 척이 불타 버리는 패배를 당하면서, 백제 부흥군과 왜의 구원군이 함께 벌인 마지막 저항도 무위로 돌아가고 말았지. 패배한 부여풍은 몸을 피해 고구려로 도망가고, 흑치상지는 당에 항복하여 당나라 장수가 됐어. 흑치상지는 당에 가서도 뛰어난 능력을 발휘하여 큰 공을 세웠다고 해. 이제 모든 희망을 잃어버린 백제 유민들은 왜의 배를 타고 왜에 가서 사는 길을 택했어. 멀어져 가는 백제 땅을 바라보며 나라를 잃고 떠도는 신세를 한탄했단다.

고구려의 부흥 운동과 나당 전쟁의 시작

평양성이 함락된 뒤에도 고구려 곳곳에서는 저항이 계속되었어. 안시성을 비롯한 여러 성들이 여전히 당에 항복하지 않고 싸움을 계속했으며, 일부는 당의 지배를 거부하고 도망치기도 했지. 700여 년의 오랜 역사를 자랑하는 고구려 사람들이 그리 쉽게 두 손을 들지는 않았던 거야. 그러자 당나라는 고구려 유민들의 저항을 막기 위해 귀족을 비롯하여 20만 명에 이르는 고구려인을 당나라로 끌고 갔어. 고구려 부흥 운동의 씨를 아예 말리려는 술책이었지. 이처럼 당의 무자비한 정책이 이어지자 고구려 유민들은 다시 고구려를 세우기 위한 부흥 운동을 일으켰어. 신라까지 차지하려는 속셈을 드러내고 있던 당나라를 못마땅하게 생각하고 있었던 신라도 고구려 유민들과 손을 잡았어.

고구려의 부흥 운동

670년 1월에 고구려 장군이었던 고연무는 신라 장군 설오유와 함께 각각 정예 군사 1만 명을 거느리고 압록강을 건너 요동 지방에서 당나라군을 격파했어. 고구려 유민과 신라군 사이에 이루어진 첫 합동 작전이었던 셈이야. 또 6월에는 검모잠이 고구려 유민들과 함께 보장왕의 아들인 안승을 왕으로 받들고, 한성(지금의 황해도 재령)에서 고구려 부흥 운동을 일으켰어. 이때 검모잠은 신라에 사신을 보내 지원을 요청했고, 신라는 안승을 고구려 왕으로 인정했어.

이렇게 어제의 적인 고구려와 신라는 동맹군

이 되었고, 어제의 동맹군인 신라와 당은 이제 나라의 운명을 걸고 싸워야 할 적이 되었지. 당시 신라는 옛 백제 땅에서 당나라군과 충돌하고 있었기 때문에, 당나라군을 분산시키기 위해 고구려 부흥군을 지원했던 거야. 그러나 고구려 부흥 운동은 쉽지 않았어. 요동 지방의 안시성에서 고구려 유민들이 저항 운동을 일으켰지만 당나라군에 함락되면서 실패했어.

한성의 고구려 부흥군은 당나라군에 맞서 싸웠지만 힘이 모자랐지. 게다가 안승과 검모잠 사이에 불화가 생겨 안승이 검모잠을 죽이고 말았어. 결국 백수산(황해도 배천) 전투와 호로하(임진강) 전투에서 패배하면서 고구려 부흥 운동은 실패하고 말았어. 부흥 운동이 실패한 후 안승과 고연무를 비롯한 고구려 부흥군은 대부분 신라로 망명했어.

고구려 부흥 운동은 실패했지만, 아직도 고구려 땅 곳곳에 남은 고구려 유민들은 당나라군에 저항하고 있었어. 당은 이를 달래기 위해 고구려의 마지막 왕이었던 보장왕을 요동에 보내 유민들을 다스리게 했어. 하지만 보장왕은 당나라 몰래 고구려 부흥을 꾀하다가 발각되어 다시 당으로 끌려가고 말았지. 당은 다시 고구려 유민들을 당나라 곳곳으로 이주시키기 시작했어. 고구려 유민들은 뿔뿔이 흩어져 신라에 항복하거나 당나라 땅에서 살게 되었는데, 그중 요서 지방으로 끌려간 유민들과 동만주 땅에 남은 유민들이 나중에 발해를 세우는 주역이 된단다.

나당 전쟁 최후의 결전

백제가 멸망한 뒤에 당나라가 백제 땅을 차지하려 했다고 했지? 신라는 약속대로 백제 땅을 신라에 넘겨주지 않는 당나라를 못마땅하게 생각했다고 했잖아. 그러다가 고구려 부흥 운동이 일어나자 신라는 고구려 부흥 운동을 지원했어. 이를 계기로 670년부터 신라와 당 사이에 전쟁이 시작됐는데 이를 나당 전쟁이라고 해. 당나라는 백제와 고구려가 멸망한 뒤, 백제와 고구려는 물론이고 신라마저 집어삼키려고 했어. 그래서 백제 땅에는 웅진 도독부, 고구려 땅에는 안동 도호부를 설치하고, 신라에는 계림 도독부를 설치하여 마치 당의 부하 나라처럼 다루려고 했지. 신라는 당의 이런 속셈에 맞서, 나라를 지키고 또 백제 땅을 온전하게 차지하기 위해 당나라와 싸우게 된 거야.

사실 당과 같은 큰 나라에 맞서 싸우는 게 쉬운 일은 아니야. 그런데도 신라가 당과 전쟁을 벌이기로 결심한 것은 국제 정세를 잘 살폈기 때문이야. 당시 국제 정세가 신라에게 유리했는데, 그건 바로 서역에서 토번(티베트)이라는 나라가 당을 괴롭히기 시작했다는 거야. 660년부터 백제와 고구

려를 공격하기 위해 당의 군사력이 한반도로 집중되자, 당나라 서쪽 지방인 서역에서 토번을 비롯한 여러 나라가 당나라에 저항하기 시작했어. 세력을 키운 토번은 당나라 군대를 격파하고 중요 지역을 차지했지. 이렇게 서역의 전쟁 상황이 급박해지자 당은 주력 부대를 모두 서역에 투입했어. 그래서 신라와 싸움에 투입할 당의 군사력이 약해졌고, 신라는 당과 전쟁을 벌일 수 있었던 거야. 이렇게 보면 당시 신라인들은 먼 서역의 움직임까지 살피면서 당과 전쟁을 시작한 셈이야. 국제 정세에 매우 밝았다고 할 수 있지.

이런 상황이었기 때문에 당나라군은 토번과 전쟁을 치르면서 동시에 신라와도 싸워야 했어. 신라는 당나라군을 맞아 임진강 일대에서 일진일퇴를 거듭했지만, 마지막 승리는 신라의 것이었어. 675년에 남쪽으로 내려오던 당나라 장군 이근행은 20만 대군을 이끌고 매소성(경기도 연천군, 매초성이라고도 한다.)에 머물렀는데, 신라군이 이를 공격하여 큰 승리를 거두었어. 그 뒤에도 신라와 당 사이에 크고 작은 전투가 이어졌지만 전쟁의 주도권은 신라가 쥐고 있었지. 676년 11월에는 당나라 장군 설인귀가 이끄는 수군이 기벌포에서 공세를 펼쳤지만 신라군은 이를 물리쳤어. 앞(196~197쪽)에서 보

신라군이 당나라군과 싸움을 벌여 큰 승리를 거두었던 매소성 전투를 표현한 민족 기록화야.

백제, 고구려의 부흥 운동과 나당 전쟁

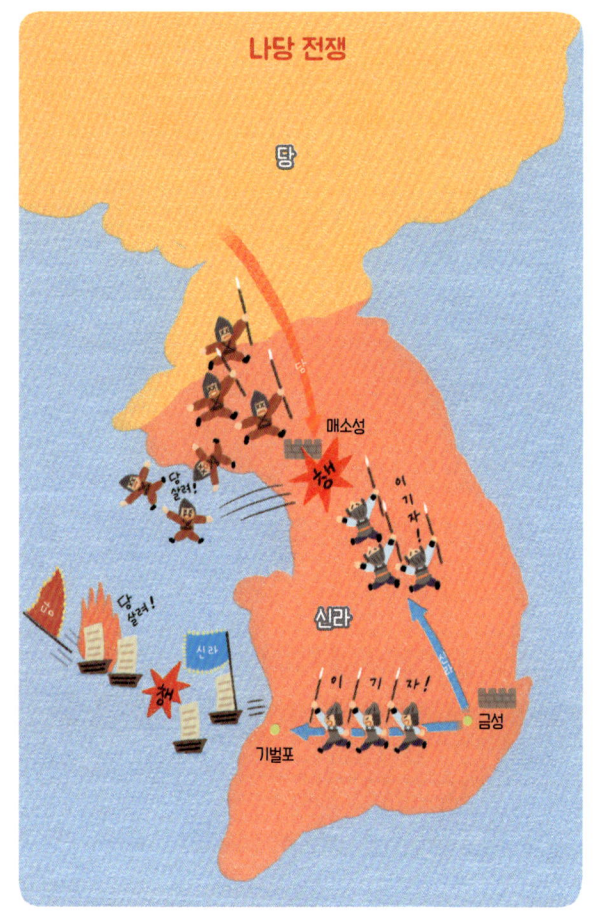

았던 것이 바로 기벌포에서 당나라 군대와 벌인 최후의 전투에서 승리한 군사들과 백성들이 만세를 부르는 모습이야. 이제 전쟁의 끝이 보이기 시작한 거야.

매소성 전투와 기벌포 전투에서 패배하자 당은 신라와 전쟁을 포기했어. 한반도를 포기하는 것은 아까웠지만, 서역에서 벌이는 토번과의 전쟁이 더 급했기 때문이야. 당나라에게 중요한 지역인 서역을 지켜야 했기 때문에 더 이상 신라와 전쟁을 벌이기는 어려웠던 거지. 나당 전쟁이 신라의 승리로 끝나게 된 것은 매소성 전투와 기벌포 전투에서 승리한 결과이기는 하지만, 당이 토번에 대해 총공세를 펼치기 위해 군사력을 서역에 집중했기 때문이기도 해. 신라는 이처럼 국제 정세를 잘 이용하여 큰 나라인 당과 전쟁을 벌여 승리했던 거야. 이로써 길고 긴 전쟁이 끝나고 신라는 삼국을 통일하게 되었어.

생각 넓히기

 **생각해 보기**

1 신라는 고구려와 백제를 멸망시킨 후에 당나라와 전쟁을 벌여 당나라를 몰아냈어. 다음은 그 당시의 국제 정세를 설명한 글이야. 다음 글에 나오는 사건이 신라와 당나라의 전쟁에 어떤 영향을 미쳤는지 생각해 보자.

그 당시 당나라의 서쪽 지방인 서역에서 토번(티베트)이라는 나라가 당나라를 괴롭히고 있었다. 660년부터 백제와 고구려를 공격하기 위해 당나라군이 한반도로 집중되자, 서역에서 토번을 비롯한 여러 나라가 당나라에 저항하기 시작했다. 세력을 키운 토번은 당나라 군대를 격파하고 당나라의 중요 지역을 차지했다. 그러자 당나라는 주력 부대를 서역에 투입시켰다.

_____
_____
_____

 **활동해 보기**

2 백제와 고구려가 멸망한 뒤에 당나라는 백제 땅에 웅진 도독부, 고구려 땅에 안동 도호부를 설치했어. 그리고 신라에도 계림 도독부를 설치했지. 다음 그림을 보고 당나라의 속셈이 무엇이었는지 생각하여 써 보자.

_____
_____
_____
_____
_____
_____

# 14장 세 나라가 하나 되다

여기는 삼국이 통일된 이후인 686년의 신라 청주야.
지금 막 절을 짓고 있는 중이야. 그런데 절 마당에 큰 비석을 세우고 있네.
저건 무슨 비석이고, 무슨 내용이 새겨져 있을까?

삼국의 땅과 주민을 아우르다

676년에 신라가 당나라 군대를 한반도에서 몰아낸 뒤로 신라가 다스리는 영역이 확실해졌어. 대략 지금의 원산만에서 평양 일대까지가 북쪽 경계선이 되었지. 그 이전의 신라 영토와 비교하면 백제 땅 전부와 대동강 이남의 고구려 땅 일부가 새롭게 신라 영토에 포함된 셈이야. 그리고 주민들의 수도 많이 늘어났어. 우선 백제 주민들이 모두 신라 주민이 되었어. 중국 기록에 따르면 백제가 멸망할 때 76만 가구의 규모라고 했으니까, 인구는 대략 400만 명 정도가 된다고 할 수 있어. 물론 백제 지배층의 일부가 일본으로 망명해 갔지만, 일반 백성들은 그대로 살던 땅에 남아 있었기 때문에 백제 사람 대부분이 신라의 백성이 된 거야. 또 고구려 주민들 중에도 대동강 남쪽 지역에 살던 주민들은 모두 신라의 백성이 되었다고 볼 수 있어. 그 수도 적지 않았을 거야. 신라가 삼국을 통일하면서 인구도 수백만 명이 늘어났고, 영토도 2배 이상 넓어졌지.

통일 이전의 삼국 영토

통일 이후의 통일 신라 영토

이렇게 신라가 백제를 통합하고 고구려 땅 일부와 주민들을 아우르게 되면서, 신라는 세 나라를 하나로 통합해야 하는 과제를 안게 되었어.

백제와 고구려가 멸망했다고 신라의 삼국 통일이 완성된 것은 아니야. 실제로 삼국을 이루었던 주민들이 서로 큰 차별 없이 함께 하나의 나라를 이룰 때, 비로소 '삼국 통일'이 되었다고 할 수 있을 거야.

오늘날 우리가 볼 때 고구려 땅과 주민들 중 많은 부분이 당나라로 들어갔기 때문에 아쉬움을 갖는 사람들이 많아. 그래서 신라의 통일을 불완전한 통일이라고 평가하기도 해. 삼국을 온전하게 아우르지 못했다는 점에서 완전한 통일이라고 보기는 어렵지. 하지만 당시 세계 최강이었던 당나라를 물리치고 한반도 안에서나마 백제와 고구려를 통합하고 신라의 독립을 지킨 것은 높이 평가해야 할 거야.

통일 신라의 기초를 다지다

삼국 통일을 이룩한 문무왕의 뒤를 이은 신문왕과 성덕왕은 삼국의 통합에 많은 관심을 기울였어. 신문왕은 우선 늘어난 땅과 주민들을 다스리기

위해 새로운 체제를 만들었어. 넓은 땅을 직접 다스리기 어려워 전국을 9개의 주로 나누어 다스리도록 한 거야. 여기서 '주'는 오늘날 경기도나 충청도의 '도'에 해당하는 지방 행정 단위야. 그런데 이 9개의 주를 신라의 옛 땅에 3개 주, 고구려의 옛 땅에 3개 주, 백제의 옛 땅에 3개 주씩 똑같이 나누어 설치했어. 사실 고구려의 옛 땅이라고 해도 한강 유역과 동해안 일대는 이미 진흥왕 때 차지했기 때문에, 신라 땅이 된 지 120년도 넘었어. 통일 후에 새로 신라 땅이 된 곳은 임진강 북쪽에 있는 땅 정도였지. 그렇지만 신문왕은 이 지역 모두를 고구려의 옛 땅이라고 하여 3개 주로 나누었어. 이는 삼국의 땅을 공평하게 3개 주씩 나누어서, 신라가 백제와 고구려를 모두 통합했다는 것을 드러내려고 한 거야. 그만큼 삼국 통일의 뜻을 강조하려고 했던 거지.

또한 '9주'는 '천하'를 뜻하는 말이기도 해. 아주 옛날 중국의 훌륭한 왕이었다고 전해지는 우왕이 천하를 9주로 나누었다는 이야기에서 유래한 거야. 신라도 이를 따라 영토를 9주로 나누었어. 삼국을 통일하면서 신라도 이제 당당히 천하의 중심이 되었다는 자부심을 나타내려 한 거야. 이러한 생각은

경주에 있는 신문왕릉이야. 신문왕은 삼국 통일 이후 삼국의 통합을 위해 여러 가지 정책을 실시했어.

아마도 고구려가 천하의 중심이라는 고구려의 세계관에서 영향을 받았을 거라고 생각된단다.

삼국의 통합에 많은 신경을 썼다는 것은 9서당이라는 군대에서도 볼 수 있어. 9서당이란 신라의 중앙, 즉 수도인 경주 주변을 지키는 군대야. 처음부터 9개 부대가 한꺼번에 만들어진 것은 아니고, 차례차례 만들어져 신문왕 때인 688년에 모두 9개 부대가 되었지. 그런데 이 부대에 소속된 군인들을 보면, 신라인 출신이 3개 서당, 고구려인 출신이 3개 서당, 백제인 출신이 2개 서당, 말갈인 출신이 1개 서당으로 이루어져 있어. 이처럼 신라, 고구려, 백제, 여기에 말갈인까지 고루 섞어서 9개의 군대를 만든 것도 삼국의 주민들이 하나로 통합되었다는 점을 강조하기 위한 것이었어.

신라는 삼국을 통일한 뒤에 넓어진 영토와 주민을 효과적으로 다스리기 위해 5소경 제도도 실시했어. 넓은 땅을 다스리기에 신라의 수도인 경주는 너무 동남쪽에 치우쳐 있었어. 그래서 한때 달구벌(지금의 대구)로 도읍을 옮기려는 시도도 있었지만, 오랜 도읍지를 옮기는 것은 쉬운 일이 아니었지. 신문왕은 그 대신 경주 외에 5개의 소경(작은 수도)을 두어 지방을 다스리는 중심지 역할을 하도록 했어. 소경은 지금의 광역시 정도로 볼 수 있을 거야. 역시 이 5소경도 삼국의 땅에 공평하게 분배했지. 고구려 옛 땅에는 중원경과 북원경, 백제 옛 땅에는 서원경과 남원경을 두었고, 신라 땅에도 옛 가야 땅에 금관경을 두어 수도 경주를 합하면 2개가 되도록 했어. 이

9주 5소경

렇게 신라는 정책이나 제도를 만들 때 항상 삼국을 통합했다는 것에 초점을 맞추었어. 그런데 5소경 제도를 실시한 데에는 다른 목적도 있었어. 5소경에는 경주에 살던 왕족이나 귀족들 중 일부를 옮겨 살도록 했어. 이들이 고구려나 백제 사람들과 어울려 살도록 함으로써 통합을 이루려는 생각도 있었지만, 그들을 감시하고 통제하려는 목적도 있었지.

또한 신문왕은 관리들의 녹읍을 없앴어. 녹읍이란 관리들에게 일정 지역의 백성들로부터 직접 세금을 걷어 봉급으로 삼도록 한 거야. 물론 세금은 곡식으로 걷었어. 그런데 관리들이 녹읍으로 받은 지역에서 너무 많은 세금을 걷거나 너무 많은 일을 시키는 등 여러 문제가 생겼어. 그래서 녹읍제를 없애고 나라에서 직접 봉급을 주거나 관료전이란 땅을 주는 것으로 바꾸었지. 여기에는 귀족의 힘을 약화시키고 왕권을 강화하려는 의도도 있었어. 관리들은 결국 귀족이었으니까 말이야. 이 밖에두 신문왕은 관리들을 키워 내는 학교인 국학을 설치하고 백성들의 생활을 안정시키는 등 통일된 새로운 신라의 기틀을 잡는 데 큰 역할을 했어.

경상북도 경주에 있는 경주 향교야. 원래 이곳은 신라의 교육 기관인 국학이 있었던 곳이야.

통일 신라 때 삼국이 하나라는 의식을 가졌을까?

신라가 삼국을 통일한 뒤 9주 5소경 제도를 통해 지배 체제를 갖추면서, 신라에는 '일통 삼한'이라는 의식이 널리 퍼졌어. 일통 삼한이란 삼한이 하나로 통일되었다는 뜻인데, 여기서 삼한은 고구려, 백제, 신라를 가리키는 거야. 즉 삼국을 통합함으로써 하나의 나라가 되었다는 생각이 널리 퍼지게 된 거지. 이를 신라인들은 아주 자랑스럽게 생각했어. 그래서 이런 내용을 여러 곳에 기록해 두었어. 앞(208~209쪽)에서 본 것처럼 절을 지을 때 절을 짓게 된 유래 등을 기록하는 사적비에도 일통 삼한에 대한 내용을 다음과 같이 새겨 넣었어.

"삼한을 합쳐 땅을 넓히고 창해(넓은 바다)에 살면서 위엄을 떨쳤다."

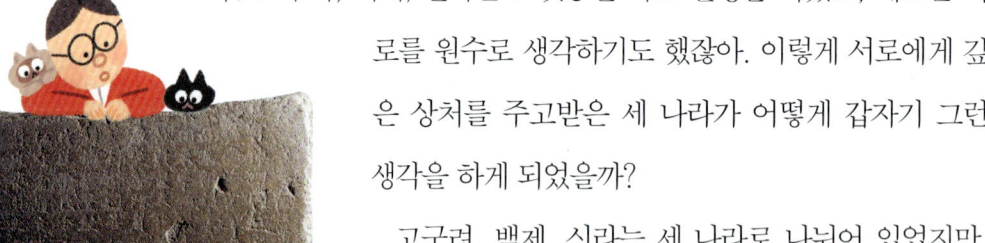

충청북도 청주시 운천동에서 발견된 사적비야. '운천동 사적비'라고 부르지. 처음에는 이 비석이 뭔지 모르고 빨래판으로 사용했다고 해. 그러다가 여기에 글자가 새겨져 있다는 것을 알게 되어 조사해 보니, 통일 신라 신문왕 때에 절을 세우면서 만든 비석이었어. 많이 훼손되어 글자가 잘 보이지는 않지만, 일통 삼한에 대한 내용이 새겨져 있다고 해.

그런데 신라가 백제와 고구려를 통합했다고 해도, 오랫동안 다른 나라로 살아왔던 삼국의 주민들이 '삼국이 하나'라는 생각을 했을까? 고구려, 백제, 신라는 오랫동안 서로 전쟁을 치렀고, 때로는 서로를 원수로 생각하기도 했잖아. 이렇게 서로에게 깊은 상처를 주고받은 세 나라가 어떻게 갑자기 그런 생각을 하게 되었을까?

고구려, 백제, 신라는 세 나라로 나뉘어 있었지만, 그 주민들은 주변의 다른 나라들에 비해 여러 면에서 가까운 편이었어. 사용하는 말(언어)과 종족 계통을 보면 알 수 있어.

먼저 삼국의 주민들은 서로 말이 통했을까? 아직

정확한 답을 알 수는 없어. 어떤 학자는 삼한어 계통의 신라어와 부여어 계통의 고구려어는 서로 다르다고 하고, 어떤 학자는 삼국의 언어는 같은 계통이고 사투리 정도의 차이가 있었다고 해. 하지만 신라어와 고구려어가 다르다고 해도 다른 나라나 다른 종족의 언어보다는 가깝기 때문에, 삼국을 하나의 언어권으로 묶을 수 있을 거야. 말이 쉽게 통하게 되면 그만큼 서로 가깝다는 생각을 할 수 있게 되지.

종족을 보아도 삼국의 주민들은 서로 같은 계통이야. 옛 기록에 따르면 삼국의 주민은 예족과 맥족, 한족이라는 세 종족으로 이루어져 있었다고 해. 예족과 맥족은 만주와 한반도 북부 지역에 있는 종족으로, 부여와 고구려, 옥저, 동예 등의 나라를 세웠어. 한족은 한반도 남쪽에 있는 종족으로 마한과 변한, 진한 등의 나라를 세웠지. 이들 예족과 맥족, 한족은 혈연적으로 가까운 종족이야. 이처럼 말과 종족 계통이 매우 가깝기 때문에 삼국의 주민들은 삼국 통일 이전에도 서로가 비슷하다고 생각했을 거야.

삼국 시대에는 홍수나 가뭄 등 자연재해가 일어나 살기가 어려워지거나 또는 여러 이유로 이웃 나라로 이주해 사는 경우가 적지 않았어. 특히 국경지대에서는 더욱 많았을 거야. 또 삼국이 정복을 통해 서로의 영토를 빼앗았을 경우에도 주민들이 서로 섞이게 되었지. 이렇게 삼국 주민은 전쟁과 교류, 주민들의 이동을 통해 서로 섞이게 되었고, 게다가 말이 통하니 좀 더 쉽게 가까워졌을 거야.

그러니까 삼국 시대부터 이미 삼국의 주민들 사이에는 서로 비슷하다는 생각이 조금씩 생겨나고 있었어. 이런 생각이 당과 전쟁을 거치면서, 또 삼국을 통일하고 통합 정책을 추진하는 과정을 통해 더욱 깊어졌지. 그 결과 통일 신라에서 삼국이 하나의 나라가 되었다는 '일통 삼한' 의식이 널리 퍼지게 되었던 거야.

쟁점 토론

신라의 삼국 통일은 불완전한 통일인가요?

신라는 백제와 고구려를 멸망시키고 삼국을 통일했어. 이것은 우리나라 역사에서 커다란 업적이라고 할 수 있지만, 한편으로는 외세를 끌어들인 불완전한 통일이라고 비판하는 사람도 있어.

신라를 비판하는 사람들은 이렇게 주장해.

신라의 통일은 불완전한 통일입니다. 고구려 영토와 주민 중 많은 부분이 당나라로 넘어갔는데, 그게 어떻게 진정한 통일이 될 수 있겠습니까? 게다가 당나라를 끌어들여 같은 민족의 나라를 멸망시켰으니 외세에 의한 통일에 불과합니다.

반면에 신라를 옹호하는 사람들은 이렇게 말하지.

그 당시 삼국의 사람들은 서로 같은 민족이라고 생각하지 않았습니다. 경쟁 상대였을 뿐이지요. 그러니까 신라는 특별히 외세를 끌어들인 게 아니라, 전쟁에서 승리하기 위해 당나라와 손을 잡은 것뿐입니다. 백제도 왜와 손을 잡지 않았습니까? 신라는 당나라의 힘을 잘 이용했고, 또 나당 전쟁에서 승리하여 통일이라는 큰 업적을 이룬 것입니다.

어떻게 생각해? 많은 영토를 잃은 것은 아쉽지만 삼국 통일을 이룬 것은 큰 업적일까? 아니면 단지 외세를 끌어들여 같은 민족의 나라들을 멸망시킨 것에 불과할까?

어려운 얘기네요! 서로 같은 민족이라고 생각했는지 아닌지에 따라 다를 것 같네요!

생각 넓히기

1. 생각해 보기

신라는 삼국을 통일한 뒤에 넓어진 영토를 9개의 주로 나누어 다스리도록 했어. 9개의 주는 고구려의 옛 땅에 3개 주, 백제의 옛 땅에 3개 주, 신라의 옛 땅에 3개 주씩 똑같이 두었지. 또 효율적인 지배를 위해 5소경도 설치했어. 5소경도 고구려 옛 땅에 2개, 백제 옛 땅에 2개, 신라 옛 땅에 경주까지 합해 2개가 되도록 했어. 이러한 정책은 무엇을 위한 것이었는지 생각해 보자.

2. 활동해 보기

삼국을 통일한 뒤 지배 체제를 갖추면서 신라는 '일통 삼한'이라는 의식을 강조했어. 일통 삼한이란 삼한, 즉 고구려, 백제, 신라가 한 나라로 통일되었다는 뜻이야. 신라가 고구려와 백제를 통합했다 해도, 삼국은 오랫동안 서로 전쟁을 치렀고 때로는 서로를 원수로 생각하기도 했어. 이렇게 서로 싸우던 세 나라 주민들이 '일통 삼한'이라는 의식을 갖게 된 배경은 무엇이었는지 생각하여 써 보자.

15장 삼국 사람들이 만난 세계

여기는 650년대의 소그드 왕국이야. 지금의 우즈베키스탄 사마르칸트라는 곳이지. 그런데 저기 왕궁 앞으로 두 명의 사신이 다가오고 있어. 저 사람들은 어느 나라 사신이고, 왜 여기까지 왔을까?

아프라시압 궁전 벽화의 고구려 사신

　예전에 중국에서는 중앙아시아 지역을 서역이라 불렀어. 지금 그 지역에 있는 우즈베키스탄이란 나라에 사마르칸트라고 하는 도시가 있어. 사마르칸트는 동서를 잇는 교역로였던 비단길(실크 로드)의 중심지였지. 이 사마르칸트에 아프라시압이라는 곳이 있는데, 이곳에 7~8세기에 번성했던 소그드 왕국의 궁전이 있어. 이 왕궁은 땅속에 파묻혀 있다가 1965년에 고속 도로 공사를 하면서 발견되어 세상에 모습을 드러내게 되었어.

　왕궁에 있는 접견실, 즉 손님을 맞는 방에서 벽화가 발견되었는데, 이 벽화에는 소그드 왕이 각 나라에서 온 사신들을 만나는 장면이 그려져 있어. 벽화의 오른쪽 아랫부분에는 두 개의 새 깃털을 꽂은 모자인 조우관을 쓰고, 허리에는 고리칼을 찬 채 옷소매에 두 손을 넣

> 아프라시압 궁전에 그려진 벽화의 모습이야. 오른쪽 아래에 조우관을 쓴 두 사람의 모습이 그려져 있어.

> 고구려 고분 쌍영총에서 발견된 벽화의 일부야. 고구려 무사가 아프라시압 궁전 벽화의 사신이 쓰고 있는 것과 같은 형태의 코우관을 쓰고 있어.

문화재 디지털 복원가 박진호 제공

삼국 사람들이 만난 세계

고 단정하게 서 있는 두 명의 인물이 그려져 있지. 그런데 이 모습이 우리에게는 매우 낯익은 모습이야. 이런 복장은 당시 한반도와 만주 땅에서 흔히 볼 수 있었거든.

　고구려 고분 벽화를 보면 사람들이 새의 깃털을 꽂은 조우관을 쓰고 있어. 중국 역사책에도 고구려인들은 새의 깃털을 꽂은 관모를 쓴다고 기록되어 있지. 고구려만이 아니라 백제에서도 제사를 지낼 때에 조우관을 쓴다고 기록되어 있어. 또 박물관에서 볼 수 있는 신라 금관 안쪽에 있는 내관도 두 갈래의 새 깃털을 본뜬 모습으로 되어 있어. 그러니까 조우관은 삼국 시대 사람들이 모두 사용했다고 할 수 있어. 그래서 해외에 있는 벽화에 조우관을 쓴 인물이 나타나면 누구나 한반도에 살았던 삼국 사람으로 추정한단다. 비단길의 중요 도시인 둔황의 237호 굴 벽화, 중국 시안에서 발굴된 장회 태자의 묘에 있는 벽화, 그리고 중국 당나라 시대의 금속 공예품에 나타

난, 조우관을 쓴 인물들은 모두 삼국 사람을 나타낸 것이라고 할 수 있어.

그러면 아프라시압 궁전 벽화에 그려진 두 사신은 고구려, 백제, 신라 중 어느 나라 사람이었을까? 이 궁전 벽화의 주인공인 소그드 왕은 와흐르만이라는 왕이야. 이 왕은 650년경에 당나라에 사신을 보내는 등 650~660년대에 걸쳐 왕위에 있었던 인물이지. 이 무렵에 신라와 백제는 서로 싸우느라 정신이 없었기 때문에, 멀리 당나라 서쪽에 있는 소그드 왕국까지 사신을 보내기 어려웠어. 특히 신라는 당과 동맹을 맺고 있었기 때문에 더욱 그럴 이유가 없었지. 그러니까 앞(220~221쪽)에서 보았던 사신들은 고구려의 사신이라고 보는 게 자연스러울 거야. 고구려에서 온 사신들이 소그드 왕국의 왕을 만나기 위해 왕궁으로 들어가는 모습이었던 거야.

고구려 사신들은 왜 멀리 떨어진 소그드 왕국까지 갔을까? 고구려를 넘보고 있는 당나라를 견제하기 위해, 당나라 서쪽에 있는 소그드 왕국과 외교 관계를 맺으려고 갔던 것으로 생각하고 있어. 어쩌면 군사적인 동맹을 요청했을지도 모르지. 앞에서 이야기한 것처럼 고구려는 당 태종의 침입을 받아 어려움을 겪다가, 안시성 전투에서 승리하여 당나라 군대를 물리쳤잖아. 그 이전부터 고구려는 당나라를 견제하기 위해 주변 여러 나라들과 적극적으로 외교 관계를 맺고 있었어. 그래서 멀리 떨어진 서역에 있는 나라까지도 관심을 두었던 거야. 실제로 당 태종의 침공 때에 당 북방에 있는 설연타라는 나라와 손잡고 당나라를 공격하기도 했어.

당나라가 여전히 우리 고구려를 넘보고 있는데, 어떡해야 할까요?

당나라를 견제하기 위해 서역에 있는 소그드 왕국과 외교 관계를 맺어야겠다. 소그드 왕국에 사신을 보내라!

그런데 고구려 사신들은 5천여km나 되는 먼 거리를 어떻게 갔을까? 아마도 지금의 몽골고원을 지나는 초원길을 이용했을 것으로 추측하고 있어. 당시 초원길 지역에는 서돌궐이라는 유목 국가가 있었어. 고구려는 서돌궐과 좋은 관계를 유지하고 있었기 때문에, 서돌궐 땅을 통과해서 소그드 왕국까지 갈 수 있었을 거야. 이렇게 보면 고구려 사람들이 얼마나 넓은 세계를 무대로 활동했는지 짐작할 수 있겠지?

학자들 중에는 아프라시압 궁전 벽화의 조우관을 쓴 인물이 실제 고구려 사신이 아니라고 주장하는 사람도 있어. 실제로 사신이 간 것이 아니라, 소그드 왕이 멀리 고구려에서도 사신이 왔다고 자랑하기 위해 당나라에서 전해진 고구려 사람들의 모습을 그리게 했다는 거지. 이러한 주장은 그 먼 곳까지 고구려 사신이 가기 어렵다는 생각에서 나온 거야. 하지만 벽화에 고구려 사신이 얼마나 생생하게 묘사되어 있는지를 보면 그렇게 말하기 어려워. 벽화에 등장하는 고구려 사신을 보면, 멀고도 큰 세계에 대해 두려움 없이 도전하는 고구려 사람들의 기개가 느껴진단다.

고구려 고분 벽화의 서역인

고구려가 서역과 교류했다는 것은 다른 유물을 통해서도 알 수 있어. 예전에 고구려의 수도 국내성이 있었던 중국 지안시에는 무용총이라는 무덤이 있어. 이 무덤에는 수렵도라는 유명한 벽화가 있지. 수렵도를 보면 위쪽에 그려져 있는 무사가 달리는 말 위에서 몸을 뒤로 돌려 사슴을 향해 활시위를 당기고 있어. 당장이라도 화살이 휙 날아갈 듯해. 이렇게 말 위에서 몸을 돌려 활을 쏘는 방식을 파르티아식 활쏘기라고 해. 파르티아는 지금의

중앙아시아 지역에서 터키에 걸쳐 있던 나라인데, 이런 식의 활쏘기 방식을 처음 만들었어. 파르티아식 활쏘기는 초원길을 통해 유목 국가들 사이에 널리 퍼졌는데, 이것이 고구려에까지 들어오게 된 거야.

또 각저총이라는 무덤에는 씨름하는 모습을 그린 벽화가 있어. 서로 샅바를 잡고 있는 두 사람 중 왼쪽에 있는 사람의 얼굴을 보면, 코와 얼굴 윤곽 등이 오른쪽 사람과는 전혀 달라. 한 사람은 고구려 사람이고 다른 사람은 서역 사람이라고 추정할 수 있어. 서역 사람이 등장하는 고구려 벽화는 각저총 씨름도 외에 무용총 수박도 등 꽤 많이 찾아볼 수 있어. 그만큼 고구려 사회에 서역 출신 사람들이 많이 들어와 살고 있었다는 뜻이야.

신라에 온 로마의 유리병

이번에는 신라 사람들의 대외 활동을 보여 주는 유물들을 살펴볼까?

1973년 경주 계림로에서 공사를 하던 중에 땅속에 묻혀 있던 무덤 하나가 발견되었어. 무덤에서는 황금 장식 보검과 두 쌍의 금귀걸이, 비취옥 2점, 금제 사자 머리 형상의 띠고리 2점 등이 쏟아져 나왔지. 그런데 무엇보다 사람들을 놀라게 한 것은 황금 장식 보검이었어. 그동안 발굴했던 신라 보검과는 전혀 다른 모습이었기 때문이야. 한눈에 보아도 이 칼이 신라에서 만들어진 게 아니라 서아시아나 유럽에서 만들어졌다는 것을 금방 알 수 있었어.

칼집에 있는 붉은 보석은 석류석인데, 이런 장식은 흑해 일대에서 유행했던 거야. 또 이 보검과 비슷한 칼이 카자흐스탄과 이탈리아의 무덤에서 출토되었어. 비단길에 있는 중국의 천불동 석굴 벽화에 등장하는 인물의 허리춤에도 이와 비슷한 칼이 그려져 있었지. 그러니까 이 황금 장식 보검은 중앙아시아 흑해 연안에서 만들어져 신라로 수입된 물건이라고 생각할 수 있어. 그러면 신라에 오기까지 중국이나 몽골 고원 혹은 고구려를 거쳤을 텐데, 왜 이들 지역에서는 비슷한 것이 나오지 않았을까? 그건 정말 수수께끼 같은 일이야.

신라에서 발견된 황금 장식 보검의 모습이야. 칼집과 칼은 썩어 없어지고 금으로 된 장식만 남아 있어. 중앙아시아 지역에서 만들어져 신라로 수입된 것으로 추정하고 있어.

이뿐만이 아니야. 경주 황남 대총에서도 놀라운 유물이 나왔어. 바로 녹색 유리병이야. 주전자처럼 생긴 이 유리병은 로마 제국의 유리 제품으로 시리아나 이집트에서 제작된 거야. 우리

나라에는 하나밖에 없는 유물이지만, 지중해 연안에서는 지금도 일상에서 흔히 사용하는 그릇이지. 이 밖에도 신라 고분들에서 모두 24점의 로마 유리 제품이 출토되었어.

황남 대총에서 같이 출토된 은잔도 자세히 보면 신라의 것이 아니야. 은잔 바깥면에는 여러 무늬가 새겨져 있어. 사람 모양도 있고, 봉황이나 주작, 뱀 모양도 있지. 그런데 은잔에 새겨진 사람 얼굴을 자세히 살펴보면 큰 눈과 높은 코를 가지고 있어. 우리나라 사람이 아니라 서역 사람이라는 걸 알 수 있지. 이 은잔은 서역에서 만들어진 거야. 또 보물 623호로 지정된 금팔찌도 팔찌에 옥으로 장식을 하고 있는데, 팔찌 모습에서 서역 분위기를 느낄 수 있어.

이 밖에 경주 왕릉 지구에서 출토된 목걸이도 서역에서 만들어진 유물로 보여. 목걸이의 중심에 박혀 있는 작은 유리구슬에는 사람의 얼굴이 숨어 있어. 얼굴이 하얗고 콧날이 오뚝하며 눈이 크고 입술을 붉게 칠하고 있어. 구슬에는 모두 네 명의 얼굴이 그려져 있는데, 이 얼굴은 신라인의 얼굴이 아니야. 서역 사람의 얼굴로 추정되지.

황남 대총에서 나온 유리그릇들이야. 로마 제국에서 만든 것으로 추정하고 있어. 그중에서도 특히 녹색 유리병은 매우 귀한 것이어서 국보 193호로 지정되었지. 손잡이에 금실이 감겨 있는 걸 볼 수 있는데, 이는 유리병을 수리해서 사용했던 흔적이야. 당시에는 이런 유리병이 매우 귀했다는 걸 알 수 있어.

경주 황남 대총에서 나온 은잔이야. 서역 사람의 얼굴이 새겨진 걸 볼 수 있어.

경주 고분에서 출토된 목걸이야. 작은 유리구슬에 서역 사람의 얼굴이 그려져 있어.

삼국 사람들이 만난 세계

이처럼 멀리 로마나 서역에서 만들어진 물건들은 어떻게 신라까지 오게 되었을까? 신라 사람들이 직접 가서 가져온 것일까? 아니면 그 나라 사람들이 신라에 가지고 온 것일까? 신라의 무덤에서 발굴된 외국의 물건들은 만들어진 곳이 매우 다양해. 유럽과 서아시아, 그리고 중앙아시아의 물건들이 한곳에 모두 모여 있는 셈이지. 신라가 이처럼 다양한 나라들과 직접 교류했다고 보기는 어려울 거야. 직접 가고 오기에는 거리가 너무 멀었어. 그러니까 여러 지역의 물건들이 모이는 동북아시아의 교역 중심지에서 가져온 것으로 보는 게 맞을 거야. 동북아시아에서는 장안이 이런 동서 교역의 중심지였어. 그 당시 당나라의 수도였던 장안은 세계 여러 나라 사람들이 붐비는 국제적인 도시였거든. 따라서 신라인이 직접 서역이나 유럽에 가지 않고, 장안 같은 교역 중심지에서 구입한 것으로 추정하고 있어.

일본에 전해 준 삼국의 문화

삼국 시대 사람들은 멀리 서역이나 중국과 교류를 했지만 왜와도 교류를 했어. 왜에는 주로 앞선 문물을 전해 주는 역할을 했어. 왜에 문물을 가장 먼저 전한 나라는 가야였어. 철이 많이 나고 철을 다루는 기술이 뛰어났기

스에키 토기

스에키 토기와 가야 토기의 모습이야. 서로 모양이 비슷하다는 걸 알 수 있어.

가야 토기

때문에, 가야가 왜에 전한 문물은 주로 철기 문화였지. 또한 토기도 가야가 왜에 전해 준 중요한 문물의 하나였어. 5세기경에 만들어진 왜의 스에키 토기는 회색 토기로 그 이전의 적갈색 토기와는 뚜렷이 구분되는데, 가마에서 높은 온도로 구웠기 때문에 다른 토기들보다 훨씬 단단했어. 스에키 토기는 모양뿐만 아니라 제소 기술도 모두 가야로부터 전해 받은 거야.

그다음으로 일본에 문화를 전해 준 나라는 백제였어. 4세기부터 왜에 문화를 전해 주었는데, 그 선구자가 아직기와 왕인이었어. 이 두 사람은 백제 근초고왕의 명에 따라 왜로 건너간 학자들이었지. 왕인은 왜왕과 신하들에게 《논어》를 비롯한 유학을 가르쳤고, 《천자문》도 전해 주었어. 특히 근초고왕이 왜왕에게 주었다고 추정되는 칠지도라는 칼은 백제와 왜의 가까운 관계를 보여 주는 유물이야. 칼날이 일곱 개 달렸다고 해서 칠지도라 불리는 이 칼은, 당시의 발전된 백제 금속 문화를 왜에 과시했던 유물로 유명해.

그 뒤에도 백제는 유학자인 오경박사를 왜로 보내 수준 높은 백제의 학문을 전파했어. 성왕 때에는 오경박사인 노리사치계가 불상과 불교 경전을 가지고 왜로 건너가 불교를 전파하기도 했지. 이때 불교와 함께 건축술도 전파되었고, 왜의 최초 사찰인 비조사라는 절이 백제의 절을 본떠서 만들어졌어. 또 호류사라는 절에 있는 오층 목탑도 백제의 건축술로 만들어졌기 때

호류사 오층 목탑

정림사지 오층 석탑

호류사 오층 목탑가 백제의 정림사지 오층 석탑의 모습이야. 서로 닮은 것 같지 않니?

문에 그 모습이 정림사지 오층 석탑과 매우 비슷해. 이 밖에도 백제의 뛰어난 기술자들이 왜로 건너가 여러 문물을 전해 주었어. 이들은 도자기를 만드는 기술, 말의 안장을 만드는 기술, 그림 그리는 기술, 비단과 같은 고급 천을 만드는 기술 등 왜에는 없던 각종 기술들을 전해 주었어.

고구려도 왜에 문물을 전해 주었어. 6세기 말 고구려의 승려인 혜자는 쇼토쿠 태자의 스승이 되어 당시 왜에 큰 영향을 주었지. 담징은 종이를 만드는 방법과 붓, 먹, 물감, 맷돌을 만드는 방법 등을 전해 주었어. 나중에 고구려가 멸망하면서 많은 고구려인이 일본으로 건너가 문물을 전해 주기도 했어. 그래서 일본에는 고구려 문화의 영향을 받은 것으로 보이는 유적과 유물들이 지금도 많이 남아 있어. 대표적으로 다카마쓰 고분에서 발견된 벽화는 고구려의 수산리 고분 벽화와 비슷한 점이 많아. 또 기토라 고분에 있는 천문도는 고구려 천문도의 영향을 받은 것이 분명해. 이처럼 삼국 시대의 사람들은 가까운 중국이나 왜는 물론 먼 서역과도 교류를 멈추지 않았어.

다카마쓰 고분 벽화(왼쪽)와 고구려 수산리 고분 벽화(오른쪽)의 모습이야. 벽화 속에 나오는 사람들의 옷차림이 서로 비슷해.

생각 넓히기

 **1** 생각해 보기

다음 자료를 보고 이를 통해 알 수 있는 삼국 시대 외국과의 교류 모습은 어떠했는지 생각해 보자.

고구려 각저총 씨름도

신라 황남 대총 발굴 유리그릇

_____

_____

 **2** 활동해 보기

다음 사진전에 전시될 유물로 알맞지 않은 것을 모두 골라 보자.

〈사진전〉 **고대 한국과 일본의 문화 교류**

고구려 금동 연가 7년명 여래 입상

칠지도

호류사 오층 목탑

수월관음도

스에키 토기

다카마쓰 고분 벽화

더 알아보기

비단길

비단길은 영어로 '실크 로드(Silk Road)'라고 해. 글자 그대로 동쪽의 중국 비단이 서쪽의 로마 제국으로 건너가는 교통로라는 뜻에서 나온 이름이야. 그러나 비단만이 아니라 동쪽과 서쪽의 여러 나라들이 수많은 물자를 교역하고, 다양한 문화를 교류하는 교통로였지. 처음에는 비단이 주요 교역품이었던 사막길(오아시스길)을 비단길로 부르다가, 점차 그 북쪽의 초원길, 남쪽의 바닷길을 합쳐서 비단길로 부르게 되었어. 최근에는 이 세 주요 교통로 이외에 동서와 남북으로 이어지는 여러 갈래 길을 모두 합쳐서 비단길로 부르기도 해. 그래서 비단길은 동서 세계를 잇는 그물 모양의 교통로를 가리키는 말로 사용되기도 한단다.

그러면 비단길을 구성하는 초원길, 사막길, 바닷길을 차례로 살펴볼까?

초원길은 비단길 중에서 가장 오래된 길이야. 중국 한나라가 서역으로 가는 길을 개척하면서 만들어진 사막길 이전에, 북방의 너른 초원 지대에 살던 유목 민족들이 동서로 오고 갔던 길이지. 서쪽 흑해와 카스피해로부터 알타이산맥 이남을 지나 동쪽 몽골 고비 사막 북쪽을 거쳐 중국 화북 지역으로 이어지는 길이야. 유라시아 초원 지대를 동서로 가로지르는 길이라 초원길이라고 불러. 이 길을 연장하면 만주와 한반도까지 연결되지.

사마르칸트
우즈베키스탄 제2의 도시이며 중앙아시아에서 가장 오래된 도시 중의 하나이다. 비단길의 중심지로 널리 알려졌으며, 그로 인해 여러 가지 문화가 뒤섞여 있다.

　사막길 즉 오아시스길은 중앙아시아의 건조한 사막 지대에 점점이 이어지는 오아시스를 연결한 교통로야. 교역과 이동의 근거지인 오아시스에는 문물과 사람이 모이는 도시가 발달했어. 서아시아 쪽의 사막길은 일찍부터 만들어졌지만, 파미르고원이 막고 있어 동쪽과 연결되지 않았어. 그러다가 기원전 1세기 후반에 중국 한나라의 장건이 파미르고원을 지나 서역으로 가는 길을 개척하면서, 비로소 완전한 사막길이 만들어졌지. 북방 유목 민족의 눈치를 보지 않아도 되기 때문에 중국과 서방의 여러 나라들이 널리 이용했어.

　바닷길은 서방의 로마 제국이 인도, 동남아시아와 교역하고, 중국 또한 이들 나라와 교역하면서 동서가 연결된 바닷길이야. 항해술이 발달하고 많은 물자를 교역하면서 더욱 널리 이용하게 되었어.

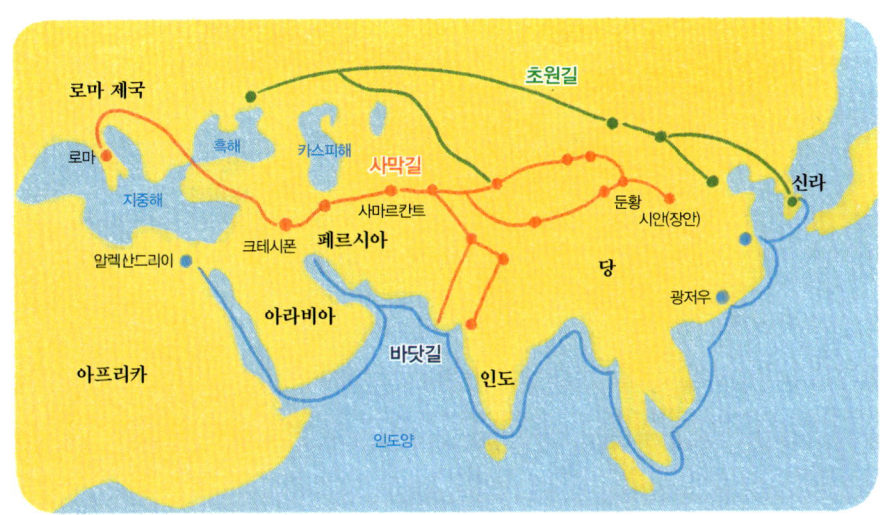

비단길

16장 삼국과 통일 신라의 불교문화

여기는 신라의 수도인 경주야. 큰 절을 짓는 공사가 한창 진행되고 있어. 그런데 절 규모가 아주 어마어마한 것 같아. 누가, 무엇 때문에 저렇게 큰 절을 짓는 걸까?

삼국에 전해진 불교

앞에서도 이야기했듯이 불교가 우리나라에 전해진 것은 삼국 시대 때야. 제일 먼저 고구려가 소수림왕 때 전진이라는 나라로부터 불교를 받아들였어. 그 뒤에 백제가 중국 동진이라는 나라에서 불교를 받아들였고, 고구려에 들어온 불교가 신라로 전해졌지. 그렇지만 신라에서는 처음에 불교를 인정하지 않다가 법흥왕 때에 공식적인 나라의 종교로 받아들였어.

고구려, 백제, 신라는 모두 왕이 나서서 적극적으로 불교를 받아들이고, 귀족과 백성들에게 불교를 믿도록 장려했어. 그것은 불교를 새로운 지배 이념으로 삼아 체제를 정비하고, 이를 통해 왕권을 강화하려고 했기 때문이었지. 중국을 통해 삼국에 전해진 불교에서는 왕을 부처와 같은 존재로 여겼어. 그래서 왕들이 불교를 통해 왕의 신성함을 강조하려고 했던 거야. 불교는 왕실뿐만 아니라 귀족들에게도 환영을 받았어. 왜냐하면 불교가 지배 계급으로서 특권을 누리는 귀족들의 입장을 정당화시켜 주었기 때문이야. 불교에 따르면 모든 사람은 태어났다가 죽고 다시 태어난다고 해. 이승에서 벌어지는 일은 전에 살던 세상에서 한 일의 결과이

고, 이승에서 한 일에 따라 다음 세상에서 그 결과가 나타난다는 거야. 이승에서 착한 일을 하면 다음 세상에서 복을 받고, 이승에서 나쁜 일을 하면 다음 세상에서 벌을 받는다는 거지. 그러니까 왕족이나 귀족들은 자기들이 전에 살던 세상에서 착한 일을 했기 때문에 높은 신분으로 태어났다고 믿었어. 불교가 신분 제도를 정당화해 주는 결과를 낳았던 거야. 이처럼 삼국 시대에 불교는 왕실과 귀족들의 환영을 받았고, 그래서 그들을 중심으로 널리 퍼져 나갔어.

삼국 시대에는 승려들이 종교적 수양을 하는 것과 함께 국가 차원의 활동도 많이 했어. 이들은 나라를 위해 일하는 것이 불교를 위한 일이라고 생각했어. 그래서 나라의 평안을 기원하고 외적의 침입을 물리치고자 하는 불교 법회를 자주 열었지. 정치에서도 승려들이 큰 활약을 했어. 원광은 신라 진평왕의 고문 역할을 하면서 중국과의 외교 문서를 도맡아 지었어. 선덕 여왕과 진덕 여왕 때 활동했던 자장은 황룡사 구층 목탑을 짓는 데 앞장섰고, 당나라 문물을 수입하는 데에도 큰 역할을 했어.

삼국에 불교가 자리를 잡으면서 불교문화도 꽃피기 시작했어. 나라 곳곳에 큰 절이 세워지고, 탑과 불상들도 만들어졌어. 대표적인 절로는 백제 무왕이 세운 미륵사와 신라 진흥왕이 세운 황룡사가 있어. 이런 절들은 나라의 번영을 기원하기 위해 세워졌어. 특히 신라 황룡사에는 선덕 여왕 때 나라를 지키려는 의지를 담아 거대한 구층 목탑을 세웠지. 하지만 안타깝게도 두 절 모두 지금은 남아 있지 않아. 그러나 돌로 만든 탑과 주춧돌 등이 남아 옛날의 웅장했던 모습을 전해 주고 있어.

> 전라북도 익산에 있는 미륵사지 석탑이야. 약 20년에 걸친 수리 작업으로 2018년에 복원됐어. 원래는 구층탑이었는데 본래 모습을 알 수 없어서, 남아 있던 육층탑의 모습으로 복원했어.

백제를 대표하는 미륵사지 석탑은 높이 14m가 넘는 아주 큰 탑이야. 돌로 만들었지만 나무 탑의 구조를 갖추고 있어. 현재 남아 있는 우리나라 최초의 석탑이야. 또 백제의 수도 사비성 한복판에 자리 잡은 정림사지 오층 석탑은 크지는 않지만 우아하고 세련된 모습으로 백제 탑의 아름다움을 자랑하고 있지. 신라의 대표적인 탑으로는 선덕 여왕 때 만들어진 황룡사 구층 목탑과 분황사 모전석탑이 있어. 황룡사 구층 목탑은 고려 시대에 몽골의 침략을 받아 불타 버리고 말았지만, 남아 있는 주춧돌만으로도 거대했던 규모를 짐작할 수 있어. 황룡사 터에 이웃하고 있는 분황사 모전석탑은 특이하게도 돌을 벽돌 모양으로 다듬어 쌓아 만든 탑이야. 고구려에서도 불교가 번성하였고 많은 절이 세워졌다고 기록에 남아 있지만, 안타깝게도 오늘날까지 전해지는 탑은 없어. 주로 나무와 벽돌로 탑을 세웠다고 알려져 있어.

불상도 불교의 대표적인 문화유산이야. 고구려의 대표적인 불상으로는 금동 연가 7년명 여래 입상이라는 불상이 있어. '금동'이란 구리로 만든 뒤

삼국과 통일 신라의 불교문화

삼국 시대의 대표적 불상인 금동 미륵보살 반가 사유상이야. 한쪽 다리를 걸치고 앉아 깊은 생각에 잠겨 있는 모습이야.

에 금으로 도금했다는 뜻이야. 높이가 16.2cm인 아주 작은 불상이야. 백제 불상으로는 충청남도 가야산 바위에 새겨진 서산 용현리 마애여래 삼존상이 유명한데, 입가의 잔잔한 미소 때문에 '백제의 미소'라는 별명이 붙었어. 삼국 시대의 또 다른 불상으로는 금동 미륵보살 반가 사유상이란 불상이 있어. 삼국 시대를 대표하는 불상으로 해외에도 널리 알려져 있지. '반가 사유상'이란 한쪽 다리를 걸친 채로 앉아 생각에 잠긴 모습의 불상을 말하는 거야.

땅 위에 세워진 부처의 나라

삼국에서 화려하게 꽃을 피운 불교문화는 통일 신라에도 계속 이어졌어. 삼국이 통일된 이후에도 불교의 영향력이 계속되었던 거야. 통일 신라의 불교문화를 대표하는 것으로는 불국사와 석굴암을 들 수 있어. 두 가지 모두 유네스코 세계 유산으로 등록되어 있지.

불국사와 석굴암은 경덕왕 때의 재상이던 김대성이 책임을 맡아, 751년에 짓기 시작해서 780년경에 완공되었다고 해. 전해 오는 이야기에 따르면 김대성은 모량리라는 마을에서 가난하게 살았는데, 불교를 열심히 믿어서 부잣집에서 얻은 조그만 땅마저도 절에 바쳤대. 그러고 난 후에 김대성은 죽었다가 이웃 마을에 사는 재상의 아들로 다시 태어났어. 후에 재상이 된 김대성은 현생의 부모를 위하여 불국사를 세웠고, 모량리에 살던 전생의 부모를 위해서는 석굴암을 지었다고 해. 앞(236~237쪽)에서 보았던 것이 바

로 불국사를 짓는 모습이야. 불국사를 짓는 일은 김대성이 시작했지만, 김대성이 살아 있을 때에는 완공되지 못했어. 김대성이 죽은 뒤에, 신라 왕실이 중심이 되어 공사를 계속해서 완공했단다.

불국사는 그 뜻을 풀이하면 '부처의 나라'라는 뜻이야. 신라인이 생각하는 부처의 나라를 현실 세계인 지상에 세운 것이라고 할 수 있어. 불국사는 임진왜란 때에 오랫동안 전해지던 많은 보물들과 함께 불에 타 사라져 버렸어. 돌로 만든 건축물들만 남았지. 그 후 여러 차례에 걸쳐 다시 복원되었는데, 돌로 만든 건축물들은 여전히 통일 신라 시대의 모습을 간직하고 있어.

불국사를 정면에서 바라보면 장대하면서도 짜임새 있는 기단부 구조에 감탄하게 돼. 청운교와 백운교, 칠보교와 연화교라 불리는 돌계단, 길고 짧게 다듬은 돌과 자연석으로 쌓은 축대가 어우러져 아주 독특한 아름다움을 나타내고 있지. 통일 신라 시대에는 청운교와 백운교 앞에 연못이 있었다고 해. 그 연못에 청운교와 백운교가 비치면 마치 부처의 세계와 이어지는 듯한 느낌이 들지 않았을까? 그럴 때 연화교와 칠보교, 청운교와 백운교는, 모습은 계단이지만 이름 그대로 극락세계로 이어지는 다리로 느껴졌을 것 같아.

불국사 안으로 들어가면 석가탑과 다보탑이 마주 보고 있으면서 신라인의 돌 다루는 솜씨를 한껏 자랑하고 있어. 높이 8.2m의 삼층 석탑인 석가탑은 화려하지는 않지만 비례와 균형의 아름다움이 무엇인지 잘 보여 주고 있지. 높이 10.4m의 다보탑은 석가탑과는 전혀 다른 모습인데, 어디에서도 똑같은 탑을 찾아볼 수 없을 만큼 독특한 모습이야. 다보탑은 정사각형 기단 위에 여러 형태의 돌을 정교하게 다듬어 마치 목재 건축물처럼 짜 맞추었어. 석가탑과는 대조적으로 다채롭고 화려한 아름다움을 자랑하고 있지. 이 두 개의 탑만으로도 우리는 신라의 불교문화 수준을 충분히 짐작할 수 있단다.

신라인들이 그리던 부처의 모습

석굴암을 처음 만들 당시의 이름은 석불사였어. 후에 석굴암이라고 부르게 되었지. 석굴암은 인도나 중국에서 볼 수 있는 자연 석굴과는 달라. 석굴암은 360여 개의 돌을 다듬어 천장을 둥글게 만든 인공 석굴이야. 이처럼 돌을 쌓아 올려 둥근 천장을 만들려면 돌의 위치를 아주 정확하게 계산해야 해. 아직까지도 석굴이 균형을 유지하고 있는 것을 보면, 당시 신라 사람들의 과학적 수준이 얼마나 발달했는지 알 수 있어.

석굴암은 크게 앞쪽에 있는 4각형 모양의 전실(앞방)과 안쪽에 있는 동그란 모양의 주실(부처 방)로 나눌 수 있어. 입구 쪽에 위치하고 있는 전실에는 팔부신장상이 왼쪽 오른쪽으로 나뉘어 서 있고, 전실과 주실을 잇는 통로 좌우 입구에는 금강역사상이, 통로에는 사천왕상이 지키고 있어. 둥근 모양의 주실에는 부처상인 본존불상이 가운데 자리 잡고 있으며, 주위 벽에는 십대 제자상, 보살상 등이 배치되어 있지. 깨달음을 얻은 순간을 표현한 석굴암 본존불상의 너그러운 미소와 넉넉한 자태는 신라인들이

> 석굴암의 주실에 자리 잡고 있는 본존불상이야. 부처님의 너그러운 미소와 넉넉한 자태가 보는 사람의 마음을 따뜻하게 만드는 것 같아.

> 본존불상 뒤의 벽에 새겨진 십일면관음보살상이야. 얼굴이 11개라고 해서 십일면관음보살이라는 이름이 붙었어.

본존불상

사천왕상
동서남북을 지키는 하늘의 수호신

금강역사상
인왕상이리고도 함. 탑이니 절의 문을 지키는 장수

팔부신장상
불법을 수호하는 여덟 수호신

주실(부처 방)
통로
전실(앞방)
십일면관음보살상

그리던 부처님의 모습이었을 거야. 본존불상 바로 뒤 벽에는 십일면관음보살상이 있는데, 그 아름다운 자태 또한 보는 사람의 마음을 사로잡는단다. 하지만 현재는 석굴암을 보호하기 위해 설치된 유리 칸막이 때문에 직접 볼 수 없다는 게 안타까운 일이지.

불국사와 석굴암 이외에도 통일 신라 때에 만들어진 불교 유적과 유물이 많이 전해지고 있어. 통일 신라를 대표하는 범종으로 봉덕사의 성덕 대왕 신종과 오대산 상원사에 있는 동종이 있어. 그중 봉덕사의 성덕 대왕 신종은 우리나라에서 가장 큰 종으로, 그 소리가 매우 깊고 그윽해. 신라 제35대 경덕왕이 그의 아버지인 성덕 대왕을 기리기 위해 만들기 시작하여 그의 아들인 혜공왕이 마무리했지.

우리나라에서 가장 큰 종으로 알려진 성덕 대왕 신종이야. 신라 경덕왕이 아버지인 성덕 대왕의 공덕을 알리기 위해 만들었어.

또 세계에서 가장 오래된 인쇄물인 《무구 정광 대다라니경》이 있어. 《무구 정광 대다라니경》은 석가탑을 수리하기 위해 탑을 해체하던 중에 발견되었는데, 발견 당시에는 많이 상한 상태였지만 복원 작업을 통해 거의 전체 내용을 알 수 있게 되었어. 《무구 정광 대다라니경》이 발견되기 전까지는, 770년경에 간행된 일본의 《백만 탑다라니경》이 세계에서 가장 오래된 인쇄물이었어. 그러나 그보다 20년 빠른 《무구 정광 대다라니경》이 발견되면서 가장 오래된 인쇄물로 인정받게 되었단다.

생각 넓히기

1 생각해 보기

삼국 시대에 고구려, 백제, 신라는 모두 나라에서 적극적으로 불교를 받아들이고, 귀족과 백성들에게 불교를 믿도록 장려했어. 귀족들도 불교를 환영했지. 삼국에서 불교를 장려하고 귀족들도 환영한 이유가 무엇이었는지 생각해 보자.

왕은 부처와 같은 존재다. 그러니 모두 왕을 잘 섬겨야 한다!

우리 귀족은 전생에 훌륭한 일을 해서 귀족으로 태어난 거라고!

2 활동해 보기

불교를 믿는 사람들은 절에 큰 행사가 있을 때 탑을 돌면서 바라는 것이 이루어지기를 빌었어. 다음은 통일 신라 시대에 불국사에서 탑돌이를 하는 모습이야. 사람들은 탑돌이를 하면서 어떤 소원을 빌었을지 상상하여 생각 주머니를 채워 보자. 또 왜 그렇게 생각했는지 이유도 써 보자.

17장 대조영, 발해를 세우다

여기는 옛 고구려 땅의 동모산이란 곳이야. 지금의 중국 지린성에 있는 산이지. 그런데 누군가가 제단 위에서 소리치고 있어. 사람들이 일제히 환호하고 있네. 저 사람은 누구이고, 무엇을 하고 있는 것일까?

질문 있어요!

저기, 궁금한 게 있어요!

무엇이든 물어보세요!

살아생전에 다시 고구려 땅을 밟게 됐네요!

고구려가 망한 지 30년 만에 돌아오셨으니, 무척 감격스러우시겠어요!

이제 다시 나라도 세웠으니, 예전 고구려처럼 강한 나라가 되겠지요?

대조영이 당나라에서 탈출한 고구려 사람들과 말갈인들을 모아 세운 발해는 크게 성장했어. 나라가 세워졌다는 소식을 듣고 고구려 유민들이 많이 모여들었거든. 발해는 고구려 못지않게 크고 강한 나라가 된단다.

698	751	828	926
대조영이 발해를 세우다.	신라에서 불국사와 석굴암을 짓기 시작하다.	신라 장보고가 청해진을 세우다.	발해가 멸망하다.

영주 탈출과 천문령 전투

고구려가 멸망한 뒤에 당나라는 평양 일대에 살던 고구려 지배층과 백성 20만 명을 당나라로 끌고 갔어. 고구려 유민들이 부흥 운동을 하지 못하게 하려고 그런 거야. 그러고는 끌고 간 고구려인들을 당나라 땅 여기저기에 흩어 놓았지. 이때 대조영도 아버지 걸걸중상과 함께 요서 지방의 영주로 끌려가게 되었어. 영주로 끌려간 대조영과 걸걸중상은 그래도 운이 좋은 편이었어. 고구려에서 거리가 가까운 곳이었으니까. 대부분의 고구려인들은 멀고 먼 당나라 서쪽 끝이나 강남 지방에서 살아야 했어.

대조영이 살던 영주에는 고구려인 외에 다른 종족들도 당에 의해 강제로

끌려와 살고 있었어. 당나라에 대항하여 고구려와 함께 싸웠던 말갈족과 요서 지방에 살았던 거란족이 있었지. 대조영의 아버지 걸걸중상은 영주에 사는 고구려인들의 지도자였어. 그는 언젠가는 고구려를 다시 일으킬 때가 오리라 믿으며 대조영에게 글과 무예를 익히도록 했어. 그리고 말갈족 지도자 걸사비우와도 깊은 우정을 나누었어. 그러던 중 마침내 때가 찾아왔어. 그 당시 영주를 다스리던 당나라 관리는 거란족이나 말갈족, 고구려인을 이민족이라고 하여 무시하고 괴롭혔어. 696년에 이를 견디다 못한 거란족 추장 이진충이 당나라 관리를 죽인 뒤에 거란족을 이끌고 반란을 일으킨 거야. 고구려인과 말갈족도 이를 도왔지. 거란족은 당나라군을 무찌르며 유주(지금의 중국 베이징)까지 공격했어. 다급해진 당은 북방의 돌궐과 협상하고, 그 힘을 빌려 겨우 거란족의 반란을 진압할 수 있었어.

당이 거란족의 반란을 막기에 급급하자, 때를 기다리던 걸걸중상과 걸사비우는 영주를 벗어나 옛 고구려 땅으로 되돌아가기로 했어. 두 지도자는 영주에 살던 고구려인과 말갈족을 이끌고 동쪽으로 향했어. 이들이 요동 지

방에 이르렀을 무렵, 당나라는 걸걸중상과 걸사비우에게 벼슬을 줄 테니 돌아오라고 했어. 하지만 이들은 거부했고, 당은 이진충과 함께 반란을 일으켰다가 항복한 거란족 추장 이해고를 보내 공격하도록 했어. 당나라 군대가 쫓아오자 걸걸중상과 걸사비우는 주민들을 이끌고 빠르게 이동했어. 이해고가 거느린 당나라군은 요하를 건너 추격해 왔지. 걸걸중상과 걸사비우가 군사를 거느리고 뒤에 남아 당나라군을 막아 냈지만, 이 전투에서 걸사비우가 전사하고 말았어. 걸걸중상과 대조영은 고구려인과 말갈족을 모두 거느리고 동쪽으로 계속 발길을 재촉했어. 무리한 여정 때문인지 걸걸중상마저 병을 얻어 죽고 말았어. 이에 걸걸중상과 걸사비우의 뜻을 누구보다 잘 알고 있었던 대조영이 새로운 지도자가 되어 동쪽으로 모두를 이끌었지.

대조영이 이끄는 무리는 천문령이라는 험준한 고개를 넘게 되었어. 대조영은 이곳에서 당나라군의 추격을 막아 내지 못하면 모두가 위험하다고 생각했어. 대조영은 주민들을 먼저 보낸 뒤에 군사들과 함께 천문령에 숨어서

발해를 건국한 대조영의 모습과 발해 건국의 결정적 계기가 된 천문령 전투를 그린 민족 기록화야.

기다렸어. 마침내 당나라군이 천문령에 도착하자 대조영은 공격 명령을 내렸어. 고구려인과 말갈족 군사들은 가족을 지키기 위해 온 힘을 다해 싸워 결국 당나라군을 물리쳤지. 이해고는 겨우 몸만 빠져나와 도망쳤다고 해. 이 천문령 전투에서 승리함으로써 대조영은 발해를 건국할 수 있었어. 만약 이때 패배했다면, 나라를 세우기는커녕 영주를 탈출한 주민들은 살아남기 어려웠을 거야.

동모산에서 나라를 세우다

천문령 전투에서 승리를 거둔 대조영은 무리를 이끌고 동모산에 도착했어. 동모산은 지금의 중국 지린성 둔화시에 있는 성산자산이란 곳이야. 대조영은 이곳에 성을 쌓고 나라를 세울 준비를 했어. 고구려가 망한 지 30년이 되는 698년에 대조영은 동모산을 도읍으로 삼아 나라를 세우고, 나라 이름을 진국이라 했어. 앞(248~249쪽)에서 보았던 것이 바로 대조영이 동모산에서 나라를 세운다고 선포하는 모습이야. 이 자리에서 대조영은 당에 맞서 고구려의 옛 영토를 되찾자고 외쳤지. 그동안 같이 고생했던 고구려인과 말갈족 모두가 한 나라의 주민이 되었어. 대조영이 새 나라를 세웠다는 소식은 널리 퍼져 나갔어. 고구려가 멸망한 뒤 이곳저곳에서 흩어져 살던 고구려 주민들이 모두 대조영에게로 모이기 시작했어. 그래서 진국은 그 어느 나라보다도 빠르게 영토를 넓히고 세력을 키울 수 있었던 거야. 이제 옛 고

> 중국 지린성 둔화시에 있는 동모산이야. 대조영이 발해를 세운 곳으로, 산 위에 성터가 남아 있어.

구려 땅을 회복하여 강한 국가를 만드는 일만 남았어.

 진국이 처음 세워졌을 때 당나라는 크게 긴장했을 거야. 고구려가 부활한 거나 마찬가지잖아. 겨우 신라의 힘을 빌려 고구려를 없애고 그 주민들이 다시 나라를 세울까 봐 당나라 여기저기에 흩어 놓았는데, 다시 고구려의 후예가 나타났으니 긴장할 만도 했지. 이제는 신라도 당나라의 동맹국이 아니라 적국이나 다름없었어. 게다가 다시 세력을 키운 돌궐이 요서 지방을 지배하면서 당이 요동 지역으로 군대를 보낼 길이 막혀 버렸기 때문에, 국제 정세도 대조영에게 유리했어.

 대조영은 새 나라가 탄탄하게 자리를 잡을 때까지는 이웃 나라와 평화로운 관계를 맺어야 한다고 생각했어. 그래서 외교 정책에 많은 관심을 기울였지. 먼저 대조영은 언제 쳐들어올지 모르는 당나라를 견제하기 위해 돌궐과 손을 잡았이. 당시 돌궐은 내몽고에서 중국의 요서 지방까지 세력을 뻗치고 있었기 때문에, 진국으로서는 꼭 동맹을 맺어야 할 나라였어. 또 신라에도 사신을 파견하여 화친을 맺었어. 이처럼 진국이 이웃 나라들과 동맹을

맺고 발전을 거듭하자, 당나라도 더 이상 진국을 무시할 수 없었어. 713년에 진국을 인정하여 대조영을 '발해군왕'이라고 부르면서 공식적인 외교 관계를 맺게 되었지. 이때부터 나라 이름을 진국에서 발해로 고쳐 부르게 되었단다.

영토를 넓힌 무왕, 제도를 정비한 문왕

대조영의 뒤를 이어 왕위에 오른 무왕은 적극적인 성격이었어. 영토를 넓히는 데 큰 관심을 가졌던 무왕은 옛 고구려 땅을 거의 대부분 되찾았어. 동쪽으로는 연해주 일대를 차지하여 바다에 이르렀고, 동남쪽으로는 백두산 일대까지 차지했어. 또 서쪽으로는 당, 돌궐과 힘을 겨루며 압록강 하류까지 진출했지. 이렇게 해서 동북 만주 일대와 연해주 남부 지역이 모두 발해의 영토가 되었어.

발해가 적극적으로 영토를 확장해 가자 남쪽에 있던 신라는 발해를 경계하지 않을 수 없었어. 신라는 발해의 공격에 대비해 강릉 이북 지역에 장성을 쌓았어. 북쪽 흑룡강 지역에 살던 흑수 말갈도 겁을 먹고, 발해를 견제하기 위해 당과 손을 잡았어.

여기서 잠깐 말갈에 대해 살펴보고 넘어갈까?

말갈은 넓은 만주 일대에 흩어져 사는 사람들을 가리키는 말이야. 말갈은 여러 갈래로 나뉘어 있었어. 속말 말갈과 백산 말갈, 흑수 말갈 등으로 나뉘어 있었지. 그중에서 송화강 유역에 살던 속말 말갈은 고구려인과 함께 발해를 세운 사람들이고, 백두산 일대의 백산 말갈도 발해에 속하게 되었어. 하지만 흑룡강 일대의 흑수 말갈은 발해와 사이가 좋지 않았어. 그래서 당

과 손을 잡았던 거야.

이에 무왕은 당과 흑수 말갈이 함께 발해를 공격하려 한다고 생각해서, 동생인 대문예에게 흑수 말갈을 정벌하라고 명령했어. 그런데 대문예는 공연히 당과 손잡은 흑수 말갈을 공격하여 당을 자극할 필요가 없다고 생각하여 반대했어. 그러나 무왕이 계속 공격하라고 명령하자 대문예는 당으로 망명하고 말았지. 당은 대문예에게 벼슬을 주어 자기편으로 삼으려 했기 때문에, 대문예를 돌려보내라는 무왕의 요구를 거절했어. 그러자 무왕은 723년에 장군 장문휴에게 당나라 산동반도에 있는 등주를 공격하게 했어. 이제 막 새로 세워진 발해가 거침없이 당나라를 공격한 거야. 이 전투에서 발해는 승리를 거두었어.

깜짝 놀란 당은 대문예에게 군사를 주어 발해를 공격하게 하였고, 신라도 당의 요청을 받고 발해를 공격했어. 하지만 당과 신라의 공격은 별다른 성과를 거두지 못했지. 이후 발해와 당, 신라 사이에 전쟁이 벌어지지는 않았지만, 계속 긴장 관계가 이어지고 있었어. 무왕은 727년에 일본에 사신을 보내 외교 관계를 열었는데, 이것도 신라를 견제하기 위한 외교 전략이었어. 이처럼 군사적 활약이 많았기에 무예라는 뜻의 '무(武)' 자를 붙여 무왕이라고 부르는 거야.

무왕의 뒤를 이어 아들 문왕(文王)이 왕위에 올랐어. 아버지와 아들이 나란히 문무(文武)라는 이름을 나누어 가진 것이 재미있지? 문왕은 이름대로 아버지와 달리 군사적 활동보다는 나라의 제도를 갖추고 학문과 교육을 장려하는 데 힘썼어. 또 평화적 외교 정책으로 나라를 안정시켰지. 문왕은 특히 당나라의 앞선 문물을 받아들이기 위해 노력했어. 당으로부터 유학과 불교를 받아들였고, 나라를 다스리는 제도도 받아들여 발해의 기틀을 다졌어.

무왕이 영토를 크게 넓혔기 때문에 문왕은 넓어진 영토를 효과적으로 다스릴 수 있는 곳으로 여러 차례 수도를 옮겼어. 처음에 수도를 옮긴 곳은 중경이라는 곳이었어. 이곳은 철과 베, 그리고 쌀이 많이 나는 곳이었어. 그다

아이고, 이게 벌써 몇 번째 하는 이사야!

발해의 수도였던 상경에 있는 성의 정문이야. 상경성은 당나라의 장안성을 본떠서 만들었는데, 지금도 성의 일부가 남아 있어.

음에는 다시 북쪽의 상경으로 수도를 옮겼지. 그리고 785년경에는 다시 동경으로 수도를 옮겼어. 이렇게 문왕 때에 여러 번에 걸쳐 수도를 옮겼는데, 여기에는 몇 가지 이유가 있어. 먼저 당나라에서 안록산의 난이 일어나 국제 정세가 혼란했기 때문에 이에 대비하기 위해 수도를 옮겼어. 또 발해가 동북쪽으로 영토를 넓혔기 때문에 이 지역을 잘 다스리기 위해서도 수도를 옮겨야 했지. 그 후 성왕 때인 794년에 다시 상경으로 수도를 옮겼고, 더 이상 천도하지 않고 이곳에서 멸망할 때까지 약 130년 동안 지냈어.

발해에서 가장 오랜 기간 수도였던 상경은 발해 문화를 대표하는 곳이야. 상경은 문왕이 당의 수도인 장안을 참고해서 만든 계획도시였어. 동서남북 네모꼴로 성곽으로 둘렀는데, 그 둘레가 무려 16km나 된다고 해. 당시로는 당나라 장안성 다음으로 거대한 크기였어. 지금 서울 성곽의 길이가 17km이니 어느 정도 규모인지 알 수 있겠지? 성벽 안에는 남북과 동서로 교차하는 도로망을 건설하여 성안이 마치 바둑판처럼 정리되어 있었어. 왕이 거주하는 궁궐과 관청이 들어선 궁성을 성안의 가장 북쪽 중앙에 따로 만들고,

상경에 세워진 궁성의 모습을 재현한 복원도야. 궁성 앞으로 넓은 주작대로가 펼쳐져 있어.

이 궁성에서 남쪽으로 길이 2195m, 폭 110m의 큰길인 주작대로를 만들었지. 이 길엔 마차 12대가 동시에 지나갈 수 있었다고 해. 지금 서울 광화문에서 일직선으로 숭례문까지 2km가 넘는 큰 도로가 이어진다고 상상해 봐. 그러면 상경이 어떤 모습이었는지 짐작할 수 있을 거야.

대조영은 고구려인인가요? 말갈인인가요?

 발해를 세운 대조영은 고구려인이었을까? 아니면 말갈인이었을까?

중국의 역사책인 《구당서》에는 대조영이 고구려의 별종이라고 기록되어 있습니다. 그러니까 고구려 사람입니다.

또 다른 역사책인 《신당서》에는 대조영이 속말 말갈인이라고 기록되어 있습니다. 그러니까 말갈인이라고 봐야 합니다.

건국 시조의 출신이 뭐가 중요하냐고 할 수도 있지만, 발해가 중국의 역사인가 아니면 한국의 역사인가를 놓고 다툼이 벌어질 때, 이는 중요한 논란거리가 될 수 있어. 과연 어느 게 옳은 것일까? 두 기록 중에서 하나만 옳다고 할 것이 아니라 둘 다 옳다고 볼 수는 없을까?

고구려는 단일 종족 국가가 아니고, 여러 민족을 포함하고 있는 다민족 국가였다는 점을 기억해야 해. 대조영의 집안은 혈통으로는 속말 말갈인이지만, 고구려의 영토에 살면서 고구려의 귀족이 되어 스스로 고구려인이라고 자부심을 갖고 있던 그런 집안은 아니었을까?

당나라 영주에서 탈출할 때, 속말 말갈의 지도자 걸사비우와 고구려인 지도자 걸걸중상이 탈출을 이끌었어. 아마 걸사비우는 고구려에 속하지 않은 속말 말갈인이었고, 걸걸중상은 같은 속말 말갈 출신이지만 이미 고구려인이 된 인물이었을 거야.

 그래서 발해도 고구려와 마찬가지로 다민족 국가가 되었던 거군요!

생각 넓히기

1 생각해 보기

대조영은 나라를 세운 뒤에 북방의 돌궐과 손을 잡았어. 그리고 초기에는 신라에도 사신을 파견하여 화친을 맺었지. 대조영이 이처럼 건국 초기에 주위 국가들과 동맹을 맺은 이유가 무엇인지 생각해 보자.

2 활동해 보기

발해의 문왕은 여러 차례에 걸쳐 수도를 옮겼어. 처음에는 중경으로 옮겼다가 상경을 거쳐 동경으로 옮겼지. 그다음에 성왕 때 다시 상경으로 옮겨서 멸망할 때까지 수도로 삼았어. 발해가 이처럼 수도를 여러 차례 옮긴 이유가 무엇인지 생각하여 써 보자.

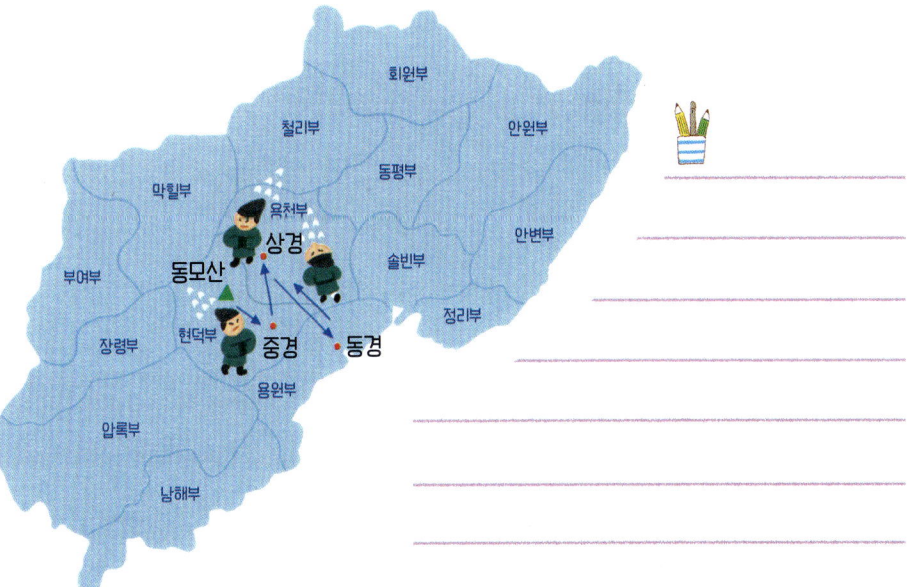

18장 해동성국 발해

여기는 872년 당나라의 수도 장안이야. 많은 사람들이 모여 있어. 누가 과거에서 장원 급제를 했나 봐. 그런데 좋아하는 사람도 있지만 실망하는 사람도 있네. 무엇 때문에 사람들의 표정이 저렇게 다른 걸까?

여기는 통일 신라 말기의 신라 앞바다야. 신라 수군이 한창 누군가와 싸우고 있어.
그런데 신라 수군이 일방적으로 상대를 제압하고 있네.
누구와 싸움을 벌이는 걸까? 또 왜 싸움이 일어난 걸까?

질문 있어요!

저기, 궁금한 게 있어요!

무엇이든 물어보세요!

오늘도 해적들을 모조리 쫓아 버렸어요! 요즘 아주 신이 난다고요!

그렇겠네요. 해적들이 청해진 수군만 보면 도망가기 바쁘겠네요!

이제 우리 신라 앞바다도 평화를 되찾겠지요?

평화를 되찾은 것뿐만이 아니었어. 해적을 소탕하여 서해와 남해의 바닷길을 완전히 장악한 장보고는 무역에도 앞장섰어. 당나라와 일본을 잇는 무역으로 크게 성공한 장보고는 더 큰 꿈을 꾸게 된단다.

와 장보고! 와 - 장보고!

698
대조영이 발해를 세우다.

751
신라에서 불국사와 석굴암을 짓기 시작하다.

828
신라 장보고가 청해진을 세우다.

926
발해가 멸망하다.

신라의 골품 제도

신라가 삼국을 통일하고 신문왕과 성덕왕이 통일된 나라의 기틀을 다지면서 신라는 안정과 평화의 시기를 누렸어. 경덕왕 때에는 불국사와 석굴암이 건축되는 등 문화적으로도 번영을 누렸지. 그런데 신라에는 골품 제도라는 특별한 신분 제도가 있었어. 골품 제도는 사람의 신분을 성골과 진골, 그리고 6두품에서 1두품까지 모두 여덟 단계로 나누는 제도야. 성골과 진골은 왕족이나 고위 귀족들이고, 6~4두품은 일반 귀족들이 속한 신분이었어. 3~1두품은 일반 평민들이었지. 그러다가 성골과 3~1두품은 없어지고, 진

등급	관등명	골품				공복	생활 모습
		진골	6두품	5두품	4두품		
1	이벌찬	○				자주색	진골은 가장 높은 관직인 이벌찬까지 오를 수 있었어. 집 크기는 24자 이하, 말은 제한 없이 가질 수 있었어.
2	이 찬	○					
3	잡 찬	○					
4	파진찬	○					
5	대아찬	○					
6	아 찬	○	○			붉은색	6두품은 6위 관직인 아찬까지만 오를 수 있었어. 집 크기는 21자 이하, 말은 5마리만 가질 수 있었어.
7	일길찬	○	○				
8	사 찬	○	○				
9	급벌찬	○	○				
10	대나마	○	○	○		파란색	5두품은 10위 관직인 대나마까지만 오를 수 있었어. 집 크기는 18자 이하, 말은 3마리만 가질 수 있었어.
11	나 마	○	○	○			
12	대 사	○	○	○	○	노란색	4두품은 12위 관직인 대사까지만 오를 수 있었어. 집 크기는 15자 이하, 말은 2마리만 가질 수 있었어.
13	사 지	○	○	○	○		
14	길 사	○	○	○	○		
15	대 오	○	○	○	○		
16	소 오	○	○	○	○		
17	조 위	○	○	○	○		

신라의 골품 제도

골과 6~4두품만 남게 되었어. 이런 골품 제도는 신라의 수도인 경주에 거주하는 사람들을 대상으로 하는 제도야. 지방에 거주하는 백성들은 경주에 사는 사람들보다도 더 낮은 신분층이라고 할 수 있어. 신라의 골품 제도는 매우 엄격했어. 신분에 따라 올라갈 수 있는 관등의 한계가 정해져 있었고, 결혼도 같은 신분끼리 하는 게 원칙이었어. 또 사는 집의 크기나 옷, 그릇 등 사용하는 물건들의 색깔이나 재료까지 신분에 따라 정해져 있었지.

골품은 부모로부터 이어지는 것이기 때문에, 아무리 뛰어난 재능을 가지고 있어도 신분이 낮으면 높은 벼슬을 할 수 없었어. 따라서 신분이 낮은 사람들은 이에 불만이 많았지. 특히 6두품은 높은 벼슬까지 올라갈 수 없어서 불만이 아주 컸어. 이런 일이 있었어. 신라 진평왕 때 설계두라는 6두품 귀족이 있었어. 그는 "신라에서는 사람을 등용할 때 골품을 따지기 때문에, 비록 큰 재주와 뛰어난 공이 있어도 신분의 한계를 넘을 수 없다."고 말하며 당나라로 건너가 군대 장교가 되었어. 설계두는 당나라가 고구려를 침공했을 때 안시성 전투에서 큰 공을 세우고 죽었어. 그러자 당나라 태종이 설계두에게 대장군의 관직을 내리고 장례를 크게 치렀다고 해. 이 일은 골품 제도에 대한 불만을 잘 보여 주는 예라고 할 수 있어.

그로부터 200여 년이 흐른 뒤에 두 사람이 차례로 당나라로 건너갔어. 한 사람은 무예로, 또 한 사람은 문장으로 당나라에서 출세하고자 했지. 그리고 두 사람 모두 고국 신라로 돌아와 자신의 뜻을 펼치려는 큰 꿈을 가졌어. 바로 해상왕 장보고와 유명한 문장가였던 최치원이야. 그들은 어떤 꿈을 꾸었을까?

장보고와 청해진

장보고는 지방 출신의 평민이었어. 원래 이름은 활을 잘 쏘는 사람이란 뜻의 '궁복', 또는 '궁파'라고 했어. 어릴 적부터 정년이라는 고향 친구와 함께 무예를 닦았는데, 특히 바다에서는 이 두 사람을 당해 낼 수 없었다고 해. 그러나 당시 신라는 골품제 사회였고, 지방 출신인 두 사람이 벼슬할 수 있는 길은 없었지. 그래서 당나라에서는 신분을 크게 따지지 않는다는 소문을 듣고 당나라에 가서 큰 뜻을 펼치기로 했어. 장보고와 정년은 당나라에 가서 군인이 되었는데, 말을 타고 창을 쓰는 기술이 뛰어나서 맞설 사람이 없었다고 해. 얼마 지나지 않아 장보고는 당나라 군대의 하급 장교가 되었어.

당나라에서 지내던 중에 장보고는 신라 사람들이 끌려와 노비로 팔리는 모습을 보게 되었어. 신라 앞바다에 들끓던 해적들이 무역선을 약탈하여 물건을 빼앗고 바닷가 사람들을 잡아서 노비로 팔았는데, 그렇게 잡혀 온 신라 사람들의 모습을 장보고가 본

왜 우리 신라 사람들이 여기까지 끌려와서 노비가 되어야 하는 거야? 안 되겠다. 신라로 돌아가서 신라 사람들을 지켜야겠다!

거야. 당시에 신라는 왕족과 귀족들의 왕위 다툼으로 나라가 어지러웠어. 그래서 백성들을 보호할 힘이 없었지. 이를 안타깝게 여긴 장보고는 신라로 돌아가서 백성들을 지키고 더 큰 뜻을 펼쳐야겠다고 생각했어. 친구인 정년은 신라로 돌아갈 생각이 없다고 하여, 828년에 장보고는 혼자 신라로 돌아왔어. 신라로 돌아온 장보고는 흥덕왕을 찾아가 다음과 같이 말했어.

"지금 우리 신라 사람들이 중국 해적들에게 잡혀 노비로 팔리고 있습니다. 제게 군사 1만 명을 주시면 해적들을 소탕하겠습니다."

흥덕왕의 허락을 받은 장보고는 청해(지금의 완도)에 군사 요새인 진을 만들었어. 이를 청해진이라고 해. 장보고가 청해에 진을 설치한 것은 이곳이 당나라와 일본을 오가는 중요한 길목이기 때문이었어. 장보고는 먼저 군사들을 훈련시키고 배를 만들었어. 그런 후에 바다로 나가 해적들을 소탕하기 시작했지. 앞(276~277쪽)에서 보았던 것처럼 훈련된 군사들을 이끌고 바다로 나가 중국의 해적들을 싹 쫓아낸 거야. 그때부터 청해진 수군이 나타나면 해적들은 숨기에 바빴고 더 이상 해적질을 할 수 없었어. 이렇게 해서 서해와 남해 바다에는 평화와 안정이 찾아오게 되었어. 신라인들뿐만 아니라 그동안 해적들에게 큰 피해를 당한 중국과 일본의 상인들도 자유로운 교역

장보고가 청해진을 설치했던 장도라는 섬이야. 전라남도 완도 옆에 있는 조그만 섬인데, 이곳에서 청해진의 유물과 목책의 흔적 등이 발견되었어.

청해진 옛터에 세워진 장보고 동상이야.

과 안전을 보장해 준 장보고의 활약을 누구보다 반겼어.

장보고, 해상 왕국을 건설하다

청해진을 근거지로 해적을 소탕한 장보고는 서해와 남해의 바닷길을 완
전히 장악했어. 그런데 장보고는 단지 바닷길을 안전하게 만드는 데에 그치
지 않았어. 스스로 확보한 바닷길을 이용하여 무역에도 앞장섰지. 장보고는
당나라와 일본에 무역선을 보내 커다란 경제적 이득을 얻었어. 신라와 일본
의 물건을 가져가 당나라에 팔고, 당나라의 물건을 가져와 신라와 일본에
팔아 큰 이득을 본 거야. 특히 당나라에는 이슬람 상인들이 가져온 진귀한
물품들이 많았는데, 이런 물품들을 신라나 일본에서 비싼 값에 팔아 큰 부
를 쌓았어.

장보고는 중국의 산동반도 등주 적산촌에 법화원이라는 절도 세웠어. 이
곳에는 많은 승려가 머물며 정기적으로 법회를 열었고, 청해진과의 연락 기
관 구실도 했어. 신라나 당, 일본의 사신이나 상인들은 장보고의 허락이 있

장보고가 중국 등주
적산촌에 세운 법화원이라는
절이야. 1998년에 복원되었어.
규모가 아주 크고 많은 신라
승려들이 머물렀다고 해.

골품제에 막힌 큰 뜻 283

신라의 해상 무역로

발해
서안평
신라
동해
일본
등주
석도
밀주
당
황해
당항성
사비
경주
동래
청해진
흑산도
다자이후
양주
황주
명주
복주

신라의 교역로
신라방

어야 안전하게 항해할 수 있을 정도였다고 해. 이렇게 서해와 남해의 바닷길을 차지하고, 신라와 당, 일본을 잇는 중계 무역을 통해 경제적 부와 힘을 얻게 된 장보고는 진정한 바다의 지배자로 군림했어. 그래서 장보고를 해상왕이라 부르고, 그가 만든 청해진을 해상 왕국이라고 부르는 거야.

그러던 어느 날 청해진에 김우징이란 인물이 찾아왔어. 그는 진골인 상대등 김균정의 아들로서, 흥덕왕이 죽자 아버지와 함께 왕위를 차지하려고 싸우다가 패배하여 장보고에게 도망쳐 온 거야. 앞에서 말한 것처럼 당시는 신라 왕족들이 서로 왕을 하겠다고 싸움이 잦았던 때였거든. 장보고는 김우징을 도와 5천 명의 군사를 주었고, 김우징은 왕위에 올랐어. 그가 바로 신무왕이야. 이제 장보고는 해상 왕국뿐만이 아니라 신라 중앙 정치 무대에도 발을 내딛게 되었지.

장보고는 더 큰 꿈을 갖게 되었지만 낮은 신분이 문제였어. 장보고가 도와준 대가로 신무왕은 장보고의 딸을 자기 아들과 결혼시키려고 했지만, 신분이 낮다는 이유로 진골들이 반대했어. 장보고가 이에 불만을 품자 왕족과 귀족들은 장보고를 없애기로 했어. 미천한 출신이 중앙 권력까지 넘보는 것을 더 이상 용납할 수 없다고 생각했지. 그래서 예전에 장보고의 부하였던 염장을 시켜 그를 암살했어. 결국 846년에 바다를 주름잡던 장보고가 죽음을 맞았고, 그의 죽음과 함께 청해진은 해체되었어. 한때 동북아시아를 무대로 번성했던 장보고의 해상 왕국도 허무하게 무너져 버리고 말았어.

최치원, 당나라에서 돌아오다

장보고가 죽고 나서 22년 뒤인 868년, 12살의 어린아이가 아버지 손을 잡고 당항성 항구에서 멀리 바다를 바라보고 있었어. 이 아이가 바로 어릴 적부터 신동이라는 소리를 듣고 자란 최치원이야. 최치원은 6두품이었기 때문에 골품제가 있는 신라에서 크게 출세하기는 어려웠어. 그래서 최치원의 아버지는 아들의 뛰어난 재능을 믿고 당나라에 보내 공부시키기로 한 거야. 당나라에서 출세하기를 바랐던 거지. 최치원은 배 위에서 멀어져 가는 고향 신라를 마음속에 깊이 새겨 두었어. 어린 나이에 먼 이국 땅에서 시작할 유

골품제에 막힌 큰 뜻 **285**

학 생활이 두렵기도 했지만, 한편으로는 수많은 사람들로 붐비는 당나라에서 새로운 경험을 할 것을 생각하니 설레기도 했어.

당시 신라에서는 당나라에 유학생을 많이 보냈어. 처음에는 왕족이나 귀족 출신이 많았지만, 시간이 지나면서 골품제에 불만을 품은 6두품들이 많이 가게 되었어. 이들은 당나라에서 출세하는 것을 꿈꾸었어. 당시 당나라에는 외국인을 대상으로 하는 빈공과라는 과거 시험이 있었어. 유학생 중 일부는 빈공과에 합격한 뒤에 당나라에서 벼슬을 하기도 했지. 최치원은 당나라 수도인 장안에서 열심히 공부하여 7년 만에 18살의 나이로 빈공과에 1등으로 합격했어. 그리고 2년 뒤에는 당나라의 관리가 되었어. 그러던 중 당나라에서 황소라는 사람이 반란을 일으켰어. 그러자 최치원은 '토황소격문(황소를 토벌하는 글)'이라는 글을 지었는데, 이 글을 읽고 황소가 너무 놀라 침상 아래로 굴러떨어졌다는 이야기가 전해져. 그만큼 글이 뛰어났다는 이야기야. 이로 인해 최치원은 문장가로 이름을 얻게 되었어.

최치원이 문장으로 이름을 크게 떨쳤지만, 신라인이 당나라에서 출세하는 게 그리 쉬운 일은 아니었어. 당나라도 혼란스러운 때였고, 외국인으로 뛰어난 자질을 가진 최치원을 시샘하는 무리들도 많았지. 최치원은 당에서 배운 학문을 고국에서 펼쳐 보고 싶었어. 게다가 오랫동안 떠나 있던 고향과 부모에 대한 그리움도 참기 힘들었을 거야. 884년 최치원은 16년간의 당나라 생활을 접고 신라로 귀국했어. 이때 그의 나이 28세였어.

최치원의 모습이야. 어려서부터 공부를 좋아했던 최치원은 12살에 당나라로 가서, 18살에 빈공과에 장원으로 합격했어.

좌절된 개혁의 꿈

최치원이 신라로 돌아온 데에는 신라 헌강왕의 영향도 있었어. 왕권의 안정을 꾀했던 헌강왕은 진골들을 견제하기 위해, 6두품 출신이나 중국에서 활약하고 있던 빈공과 출신들을 많이 등용했거든. 헌강왕은 최치원을 귀국시키기 위해 당나라에 사신을 보내기도 했어. 최치원은 신라로 돌아와 외교, 교육, 국방과 관련된 벼슬을 맡았어. 하지만 안타깝게도 최치원이 뜻을 미처 펴기도 전에 헌강왕이 죽고 말았어. 최치원을 후원하던 헌강왕이 죽자 최치원을 경계하던 진골들은 그를 지방으로 내쫓아 버렸지.

당시에 신라는 무너져 내리고 있었어. 왕족과 귀족들은 서로 왕이 되기 위해 끊임없이 다툼을 벌였고, 사치와 부패가 판을 쳤어. 또 이들은 각자 힘을 키우기 위해 백성을 수탈했고, 이로 인해 백성들은 점점 살기가 어려워졌어. 그래서 세금을 제대로 거두지 못해 나라의 창고가 비고 재정이 궁핍해졌지. 그러자 진성 여왕은 세금을 제대로 거두라고 관리들을 보내 독촉하기 시작했어. 흉년이 계속되고 지방 관리나 귀족들의 수탈로 살기 어려운데, 나라까지 나서서 백성들을 쥐어짜니 백성들도 더는 참을 수 없었어. 결국 사벌주(지금의 상주)에서 세금 독촉에 분노한 농민들이 원종과 애노라는 농민의 지휘 아래 봉기를 일으켰어. 농민들의 봉기는 전국으로 퍼져 나갔지.

이때 지방에서 관리로 있던 최치원은 어지러운 나라를 구하기 위해 개혁안을 만들었어. 894년 2월에 최치원은 진성 여왕에게 나라를 바로잡을 방안을 올렸는데, 이게 유명한 '시무 10여 조'야. 시무란 '지금 급하게 해야 할 일'이란 뜻이지. 신라에 돌아와 10여 년 동안 중앙과 지방에서 벼슬을 하면서 본 것을 토대로 구체적인 개혁안을 제시한 거야. 아쉽게도 그 내용은 전하지 않지만 대략 짐작해 볼 수는 있어. 당시 조세 제도의 문란이 심각했으므로 이에 대한 개혁안이 제시되었을 거야. 또 6두품으로서 골품제의 한계를 절감했기 때문에, 신분보다 능력이나 학문을 바탕으로 인재를 널리 등용할 것을 주장했을 거야.

진성 여왕은 최치원의 시무책을 받아들여 최치원에게 6두품의 신분으로서는 최고의 관직인 아찬에 임명했어. 하지만 거기까지였어. 그의 개혁안이 실현될 것을 기대할 수는 없었지. 사회 문제를 외면하고 자신의 부귀영화에만 매달려 있던 진골들이 그의 개혁안을 받아들일 가능성은 없었기 때문이야. 결국 최치원은 신라 왕실에 크게 실망하여 아직도 한창 자신의 뜻을 펼쳐야 할 나이에 관직을 버리고 전국을 떠돌게 되었단다.

경상북도 경주에 있는 상서장이야. 최치원이 이곳에 머물며 시무 10여 조를 지어 진성 여왕에게 바쳤다고 해.

생각 넓히기

1 생각해 보기

최치원의 아버지는 6두품 출신인 최치원을 공부시키기 위해 12살에 당나라로 보냈어. 어릴 적부터 신동이란 소리를 듣고 자란 최치원이 당나라로 떠날 수밖에 없었던 이유가 무엇인지 생각해 보자. 또 이러한 상황을 어떻게 생각하는지도 써 보자.

10년 안에 합격하지 못하면 넌 내 아들이 아니다!

네, 반드시 빈공과에 합격할 거예요!

_____

_____

_____

_____

_____

2 활동해 보기

장보고와 최치원은 신라를 떠나 당나라로 갔다가 다시 신라로 돌아와 활약한 사람들이야. 두 사람 중 한 사람을 골라 그 사람을 소개하는 포스터를 만들어 보자.

활동 방법

1. 제목 달기
   예)나는 ○○○입니다.
2. 두 인물을 나타내는 상징적인 그림 그리기
3. 인물의 활동 내용을 간략하게 소개하기

한국사 연표

약 70만 년 전	구석기 시대 시작
약 1만 년 전	신석기 시대 시작
기원전 2333년	고조선 건국(《삼국유사》 기록)
기원전 1500~1000년경	청동기 시대 시작
기원전 400년경	철기 문화 전래
기원전 194년	위만, 고조선의 왕이 됨
기원전 108년	고조선 멸망
기원전 57년	신라 건국
기원전 37년	고구려 건국
기원전 18년	백제 건국
42년	가야 건국
194년	고구려 고국천왕, 진대법 실시
260년	백제 고이왕, 공복제 실시
313년	고구려 미천왕, 낙랑군 멸망시킴
371년	백제 근초고왕, 평양성 공격
372년	고구려 소수림왕, 불교를 받아들이고 태학을 설치함
384년	백제 침류왕, 불교를 받아들임
396년	고구려 광개토 대왕, 백제 침공
427년	고구려 장수왕, 평양 천도
433년	나제 동맹 성립
475년	고구려 장수왕, 한강 유역 확보
527년	신라 법흥왕, 불교 공인
553년	신라 진흥왕, 한강 유역 확보
612년	고구려, 살수 대첩
645년	고구려, 당나라의 침입을 물리침
660년	백제 멸망
668년	고구려 멸망
676년	신라, 삼국 통일
685년	신라, 9주 5소경 설치
698년	발해 건국
751년	신라, 불국사와 석굴암 건립 시작
771년	신라, 성덕 대왕 신종 주조
828년	장보고, 청해진 설치
846년	장보고 암살
889년	신라, 원종과 애노의 반란
894년	최치원, 시무 10여 조 올림
926년	발해 멸망

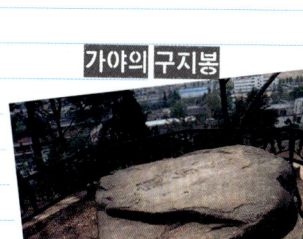
가야의 구지봉

살수 대첩

석굴암

세계사 연표

약 300만 년 전	오스트랄로피테쿠스 등장
약 250만 년 전	호모 하빌리스, 도구 사용
약 50만 년 전	호모 에렉투스, 불 사용
기원전 3000년경	이집트 문명 · 메소포타미아 문명 시작
기원전 2500년경	황허 문명 · 인더스 문명 시작
기원전 600년경	부처 탄생
기원전 551년경	공자 탄생
기원전 221년	진나라의 중국 통일
기원전 202년	한나라 건국
기원전 4년	그리스도 탄생

기독교 공인한
콘스탄티누스 대제

105년경	중국, 종이 발명
313년	로마, 기독교 공인
316년	중국, 5호 16국 시대 시작
375년	게르만족의 대이동
395년	로마 제국, 동서로 분열
439년	중국, 남북조 시대 시작
476년	서로마 제국 멸망
486년	프랑크 왕국 건국
529년	유스티니아누스 법전 편찬
589년	수나라의 중국 통일
610년	무함마드, 이슬람교 창시

중국을 통일한
당나라 태종

618년	당나라 건국
622년	무함마드, 메카에서 메디나로 피신(헤지라)
628년	당나라의 중국 통일
755년	당나라, 안록산의 난
771년	카롤루스 대제, 프랑크 왕국 통일
794년	일본, 헤이안(지금의 교토) 천도
829년	잉글랜드 왕국 성립
875년	당나라, 황소의 난
916년	야율아보기, 거란족 통합

찾아보기

ㄱ

가락바퀴 35~36
가야 79, 92, 107
간석기 18, 29~30, 40
개로왕 132
걸걸중상 251~253
걸사비우 252~253
검모잠 202~203
계루부 99~100
계림 도독부 204
계백 190
고국원왕 116, 119
고국천왕 101~102
고령가야 108
고연무 202~203
고이왕 104~105
고인돌 58~59
고조선 49, 51~53, 65~68
골품 제도 279~280
공복 제도 104, 143
공산성 158
관나부 99
관등 제도 104
관창 191
광개토 대왕 127~130
광개토 대왕릉비 129, 135~136
9서당 214
구석기 시대 14~16, 18~20, 24, 29
9주 5소경 216
국내성 159
《국사》 149
근초고왕 106, 117~119

굵개 18, 21, 25
금관가야 107~109, 128, 144
김대성 242~243
김수로 92
김알지 88~90
김우징 284
김유신 189~191
김춘추 187~189, 199

ㄴ

나당 전쟁 204
나성 155, 158
나제 동맹 132, 141
낙랑군 66~68
남북국 시대 271
남북조 시대 133
내물왕 106, 118

ㄷ

다보탑 244
단군 신화 49, 51~53
단군왕검 51~52
담로제 141
담징 232
당나라 177~178, 199
당항성 148, 187
대가야 107, 128, 145~146, 148
대문예 257
대성산성 159
대야성 187
대조영 251~255, 260
덩이쇠 109
도침 200~201

돌방흙무덤 162~163
동맹 73
동모산 254
동성왕 141
동예 70~73
동옥저 70~72
동진 119
등거리 외교 134
뗀석기 18, 24~25, 29

ㅁ

마라난타 119
마한 71~72
막집 19
말갈 256
명활산성 158
목지국 71, 103
몽촌토성 156
《무구 정광 대다라니경》 246
무령왕 141~142, 160
무령왕릉 160~161
무왕 256~258
무용총 226
무천 73
문왕 258~259
문화권 48
미송리식 토기 49
미천왕 115~116
민무늬 토기 54
밀개 18, 25

ㅂ

반구대 암각화 56
반굴 191

발해 256, 265~268
백운교 244
법화원 283
법흥왕 143~144
변한 71~72
복신 200~201
부소산성 158
부여 68~70, 73
부여풍 200~201
북위 130, 132~133
불국사 242~244
비단길 223, 234
비류 84~85
비류부 99
비파형 동검 47~48, 65
빈공과 266, 286
빗살무늬 토기 31

ㅅ

사비 146
살수 대첩 176~177
《삼국유사》 49, 65
삼한 71~73
상경 259~260
《서기》 119
서역 223, 225
석가탑 244
석굴암 242, 244~245
석탈해 88~90
선덕 여왕 149, 187
선왕 265~266
설계두 280
성골 279
성덕 대왕 신종 246

성산가야 108
성왕 146~147
성충 189
세형동검 65
소가야 108
소고구려국 265
소그드 왕국 223, 225~226
소도 73
소수림왕 120~121
수나라 173~174, 177
수렵도 226
순도 121
순수비 149
스에키 토기 231
슴베찌르개 24~25
시무 10여 조 288
신문왕 212~215
신석기 시대 14, 18, 29~33, 35, 40

ㅇ

아라가야 108
안동 도호부 204
안승 202~203
안시성 180~182
안학궁 159
알영 87
야율아보기 267
역포아이 16
연개소문 178~180, 182, 187~188, 192
연나부 99
연맹체 국가 69, 99
연화교 244

영고 73
영웅 신화 82, 85
오소도 266
오스트랄로피테쿠스 13~14
온조 84~85
왕인 231
요동성 174~175, 180
우문술 175~176
우중문 175~176
움집 35~36
웅진 132, 141, 156
웅진 도독부 199~200, 204
월성 158
위만 65~66
유연 133
을지문덕 176~177
을파소 101~103
의자왕 187, 189~190, 192
이사부 143
이주민 신화 82, 85
이차돈 143, 150
일연 49, 65
일통 삼한 216, 218

ㅈ

장군총 163
장보고 281~284
장수왕 130~133
장안성 159
전연 116
전진 121
정혜 공주 269

정효 공주 269
제천 행사 73~74
조개무지 35
조우관 223~226
주먹도끼 18, 24~25
주몽 81~82
지증왕 143
진골 279
진국 254
진대법 102~103
진한 71~72
진흥왕 146~150
찌르개 18
찍개 18, 21, 25

ㅊ

천군 73
천리장성 178~179
천마총 161~162
철기 시대 45, 63
청동 거울 48~49, 53
청동기 시대 45~47, 53~56, 63
청운교 244
청해진 282~284
최치원 281, 285~288
충주 고구려비 133, 135
칠보교 244
칠지도 231

ㅌ

탁자식 고인돌 49, 58~59
태조왕 99~100
토번 205

토황소격문 286

ㅍ

풍납토성 122, 156

ㅎ

한사군 66
해동성국 266~267
혁거세 87, 89
혜자 232
호모 사피엔스 13~14, 16
호모 사피엔스 사피엔스 13~14, 16
호모 에렉투스 13~15
호모 하빌리스 13~14
화랑도 150, 194
환나부 100
환도산성 159
환웅 50~52
환인 50~51
황남 대총 161~162, 228~229
황산벌 190
후연 127~129
흑치상지 200~201
흥수 190
흥수아이 16

293

사 진 제 공

15 단양 금굴(Image click)/ 16 흥수아이 유골(충북대학교박물관)/ 18 주먹도끼, 밀개, 긁개(충북대학교박물관), 찍개(©서울대학교박물관 이미지 제공)/ 19 막집(북앤포토)/ 23 슴베찌르개(충북대학교박물관)/ 30 여러 가지 간석기(국립중앙박물관)/ 31 빗살무늬 토기(국립중앙박물관)/ 33 돌보습, 돌도끼, 갈돌과 갈판, 돌촉, 돌화살촉(국립중앙박물관), 돌괭이(국립춘천박물관), 뿔괭이(남북경제문화협력재단)/ 34 낚싯바늘(문화재청), 뼈작살(부산박물관), 그물(북앤포토)/ 35 조개무지(부산 동삼동 패총전시관)/ 36 가락바퀴(국립청주박물관), 뼈바늘 복원품(전라남도농업박물관), 조개 목걸이(국립중앙박물관), 조개 팔찌(부산 동삼동 패총전시관), 발찌(국립김해박물관 소장자료)/ 37 움집(북앤포토)/ 41 긴목 항아리, 두귀 달린 항아리(©서울대학교박물관 이미지 제공), 뿔모양 토기, 빗살무늬 토기(국립중앙박물관), 덧무늬토기(국립경주박물관)/ 47 비파형 동검(국립중앙박물관), 중국식 동검(국립전주박물관)/ 48 청동 거울(국립중앙박물관)/ 49 미송리식 토기(북앤포토)/ 53 농경문 청동기(국립중앙박물관)/ 54 팽이 모양 토기(남북경제문화협력재단), 송국리형 토기, 붉은 간 토기(국립중앙박물관)/ 56 반구대 암각화(국립경주박물관)/ 58 탁자식 고인돌, 개석식 고인돌(북앤포토), 바둑판식 고인돌(문화재청)/ 63 용연동 유적 철기(국립중앙박물관)/ 65 비파형 동검, 세형동검(국립중앙박물관)/ 66 황금 허리띠 고리(국립중앙박물관)/ 73 솟대(crowdpic)/ 81 오녀산성(북앤포토)/ 85 장군총, 석촌동 3호분(북앤포토)/ 87 나정(문화재청)/ 90 계림(북앤포토)/ 93 구지봉석(북앤포토)/ 101 국내성(북앤포토)/ 109 덩이쇠(북앤포토), 갑옷과 투구(국립중앙박물관)/ 117 풍납토성(북앤포토), 몽촌토성(한성백제박물관)/ 118 칠지도(북앤포토)/ 120 청동자루 솥, 양 모양 청자(국립중앙박물관), 닭 머리 모양 항아리(국립공주박물관)/ 121 불꽃 뚫음 무늬 금동관([bbtreesubmission] © 123RF.com)/ 129 광개토 대왕릉비(국립중앙박물관)/ 131 안학궁 모형(동북아역사재단)/ 133 충주 고구려비(북앤포토)/ 135 호우총 호우(국립중앙박물관)/ 144 이차돈 순교비(북앤포토)/ 145 대가야 대왕명 토기(북앤포토)/ 149 북한산 순수비(국립중앙박물관)/ 151 비봉 북한산비(북앤포토)/ 157 풍납토성, 몽촌토성 재현물, 공주 공산성, 부여 부소산성(북앤포토)/ 158 경주 월성(연합뉴스), 명활산성(북앤포토)/ 159 환도산성(북앤포토), 평양성(imageBROKER / Alamy Stock Photo)/ 161 무령왕릉 내부(문화재 디지털 복원가 박진호 제공), 지석, 진묘수, 왕비의 귀고리, 금동신발, 큰 칼(국립공주박물관), 왕의 관 장식(북앤포토)/ 162 천마도(국립경주박물관), 황남 대총(북앤포토)/ 163 무용총 수렵도(북앤포토)/ 164 수산리 고분 벽화(한국생활사박물관_3권(사계절출판사))/ 165 토우 장식 항아리(국립경주박물관), 집 모양 토기(함안군청), 배 모양 토기(국립중앙박물관)/ 166 안악 3호분 벽화(동북아역사재단)/ 167 안악 1호분 기와집 벽화(전남대학교 역사문화연구센터), 집 모양 토기(국립경주박물관), 무용총 벽화(북앤포토)/ 177 을지문덕 동상(북앤포토)/ 181 안시성 전투 기록화(전쟁기념관 자료제공)/ 190 황산벌(북앤포토)/ 193 평양성 북문(연합뉴스)/ 199 정림사지 5층 석탑, 대당평백제국비(북앤포토)/ 205 매소성 기록화(전쟁기념관 자료제공)/ 213 신문왕릉(북앤포토)/ 215 경주 향교(북앤포토)/ 216 운천동 사적비(국립청주박물관)/ 223 아프라시압 궁전 벽화(문화재 디지털 복원가 박진호 제공), 쌍영총 벽화(국립중앙박물관)/ 224 장회 태자 묘 사신도(국립경주박물관), 둔황 237호 벽화 유마경변상도(정찬주)/ 227 각저총 씨름도(북앤포토)/ 228 황금 장식 보검(국립경주박물관)/ 229 황남 대총 발굴 유리그릇, 은잔, 유리 목걸이, 유리구슬 확대(국립경주박물관)/ 230 가야 토기(동산박물관)/ 231 호류사 5층 목탑(연합뉴스), 정림사지 5층 석탑(북앤포토)/ 232 다카마쓰총 벽화(북앤포토)/ 233 수월관음도(문화재청)/ 234 사

마르칸트(Getty Images Bank)/ 240 미륵사지 석탑(북앤포토)/ 241 황룡사 9층 목탑(복원), 분황사 모전석탑, 백제 서산 마애여래 삼존상(북앤포토), 고구려 금동 연가 7년명 여래 입상(국립중앙박물관)/ 242 금동 미륵보살 반가사유상(국립중앙박물관)/ 243 석가탑(연합뉴스), 다보탑(문화재청), 칠보교와 연화교, 청운교와 백운교(북앤포토)/ 245 본존불상(북앤포토), 십일면관음보살상(안장헌)/ 246 성덕 대왕 신종(북앤포토)/ 253 대조영(©서울대학교박물관 이미지제공), 천문령 전투 기록화(전쟁기념관 자료제공)/ 254 동모산(북앤포토)/ 258 상경성 유적(북앤포토)/ 259 상경 복원도(남북경제문화협력재단)/ 266 발해 석등(북앤포토)/ 268 정효 공주 무덤 벽화(연합뉴스)/ 269 발해 온돌(남북경제문화협력재단)/ 270 고구려 수막새, 발해 수막새(국립중앙박물관), 고구려 치미(동북아역사재단), 발해 치미(북앤포토)/ 273 신라 수막새(국립경주박물관), 당나라 수막새, 일본 수막새(국립중앙박물관)/ 282 청해진(완도군청(CC BY-SA 2.0 KR)), 장보고 동상(북앤포토)/ 283 법화원(Iop Photo Corporation / Alamy Stock Photo)/ 286 최치원(국립중앙박물관)/ 288 경주 상서장(북앤포토)

- 이 책에 있는 사진은 해당 사진을 보유하고 있는 단체와 저작권자의 허락을 받아 게재했습니다.
- 저작권자를 찾지 못하여 게재 허락을 받지 못한 사진은 확인하는 대로 허락을 받고, 통상적인 기준에 따라 사용료를 지불하겠습니다.

해동성국 발해

　무왕과 문왕을 거치면서 안정된 국가로 자리 잡은 발해는 10대 선왕 때 전성기를 맞이했어. 818년에 왕위에 오른 선왕은 나라의 영토를 크게 넓혔어. 흑수 말갈을 제압하여 북쪽의 말갈 세력을 복속시켰고, 요동으로 진출하여 그곳에 있던 소고구려국까지 차지했지. 소고구려국은 요동 지방에 남아 있던 고구려 유민들이 세운 나라야. 이제 발해는 영토가 사방 5천 리에 이르는 큰 나라가 되었어. 발해는 우리나라 역사상 가장 넓은 영토를 차지했던 나라란다.

　선왕은 넓은 영토를 다스리기 위해 5경 15부 62주로 지방 제도를 정비했어. 이미 있었던 상경, 중경, 동경의 3경에 서경과 남경을 더 설치하여 5경을 만들고, 지방을 다스리는 중심지로 삼았어. 또 새로 영토가 된 흑룡강 하류 지역과 요동 지방에 새로 주를 설치하여 15부 62주의 지방 제도를 완비했지.

　그리고 선왕은 당나라에서 발전된 문화와 제도를 받아들이도록 했어. 발해의 중앙 정부 조직인 3성 6부도 당의 제도

발해의 지방 제도

발해의 수도였던 상경 절터에 서 있는 발해 석등이야. 높이가 6.4m에 이르는 거대한 모습이야.

를 받아들여 만든 거야. 3성 6부란 왕 밑에 정당성, 선조성, 중대성의 3성을 두고, 그 아래에 6부를 설치하여 나라를 운영하는 제도야. 하지만 당의 제도를 그냥 모방만 한 것은 아니야. 당의 제도를 발해의 현실에 맞게 고쳐 만들었지. 3성 6부의 이름이나 주요한 역할, 3성과 6부의 구성을 살펴보면, 당의 제도를 따르면서도 발해의 독자적인 모습으로 바꾸어 만들었다는 걸 알 수 있어.

선왕 때에 발해는 당나라와 활발하게 교류했어. 당나라는 동아시아 문화의 중심지이자 선진 국가였기 때문에, 발해는 초기부터 당나라의 문물을 받아들이기 위해 사신이나 유학생들을 자주 보냈지. 당시 당나라에서는 외국 학생들을 위해 '빈공과'라는 과거 시험을 열었어. 이 빈공과는 처음에는 신라인들의 독무대였지만, 선왕 이후에는 발해인들도 이 시험에 합격하기 시작했어. 특히 오소도라는 발해인은 872년에 신라 유학생을 누르고 높은 점수로 1등을 차지했다고 해. 앞(262~263쪽)에서 보았던 것이 바로 오소도가 1등으로 합격해서 좋아하는 모습이야. 발해 사람들은 좋아하고 있지만 1등을 놓친 신라 사람들은 실망하고 있었던 거야. 이것은 발해의 문화가 당나라나 통일 신라와 대등한 수준으로 올라섰음을 보여 주는 상징적인 사건이지. 이렇게 발해가 부강해지고 문물이 크게 번성하자, 당은 발해를 '바다 동쪽에 있는 번성한 나라'라는 뜻으로 '해동성국(海東盛國)'이라고 불렀어.

발해의 멸망

해동성국으로 불리며 융성하던 발해는 선왕이 죽은 뒤부터 점차 쇠퇴해 갔어. 그러자 발해의 서쪽 요서 지방에서 서서히 힘을 키우던 거란이 발해를 넘보기 시작했지. 그러다가 야율아보기라는 인물이 나타나 거란의 여러 부족을 통일하고 황제의 자리에 올랐어. 이 나라는 처음에 거란국이라고 했는데, 나중에 나라 이름을 '요'라고 바꾸었어. 황제가 된 요의 태조는 중국 대륙으로 진출하기에 앞서 자기들의 뒤를 위협할 수 있는 발해부터 공격했어. 그때가 925년 12월 말이었는데, 불과 1달도 안 된 이듬해 1월 14일에 수도가 함락되면서 발해가 멸망하고 말았어. 한때 동북 만주 일대를 호령하던 발해의 멸망치고는 너무 순식간이었지.

발해는 왜 그렇게 힘없이 무너졌을까? 기록이 없어 정확하게 알 수는 없지만, 아마도 사회 내부가 혼란스러워 요나라의 침입에 제대로 대처하지 못한 것 같아. 요가 쳐들어오기 전인 925년 9월과 12월에 발해의 왕족과 귀족들이 남쪽에 새로 세워진 고려로 망명했다는 기록이 남아 있어. 이를 통해 발해 내부에 정치적 분열이 있었음을 짐작할 수 있지.

발해를 멸망시킨 후에 요나라는 발해 유민들의 저항을 막기 위해, 발해 땅에 동단국이라는 나라를 세우고 요나라 태조의 맏아들이 다스리게 했어. 그러나 발해 유민들이 다시 나라를 세우려는 부흥 운동을 펼치자, 발해 유민들을 강제로 요동 지역으로 옮겨 살게 했지. 발해 유민들은 12세기 초까지 200여 년간 만주 땅 곳곳에서 활동하며 발해의 부활을 꿈꾸었지만, 다시 큰 나라를 세우지는 못했어. 일부 발해 유민들은 고려로 망명하기도 했어.

고구려를 계승한 발해

발해는 고구려인과 말갈족이 힘을 합쳐 세운 나라였어. 고구려인과 말갈족이 주를 이루었지만 다른 종족 주민들도 있었지. 발해 주민 중에 고구려인은 말갈족보다 수적으로 적었지만, 지배층 중에는 고구려인이 더 많았어. 따라서 발해에는 고구려의 전통이나 문화가 많이 남아 있어. 발해 사람들은 스스로를 고구려의 계승자라고 생각했어. 발해 무왕은 727년에 처음으로 일본에 사신을 파견했는데, 그때의 외교 문서에 이렇게 발해를 자랑했어.

발해 지역에서 발견된 정효 공주의 무덤은 고구려 전통과 당나라 양식이 합쳐진 모습을 하고 있어. 벽화를 통해 발해인의 생활 모습도 짐작할 수 있지.

"고구려의 옛 땅을 회복하고 부여의 풍속을 계승하였다."

또 발해의 왕은 일본에 보내는 외교 문서에서 자신을 '고려 국왕'이라 자주 불렀고, 일본의 문서에도 이 호칭이 그대로 사용되고 있어. 이때 고려는 고구려와 같은 뜻이야. 고구려가 후기에 나라 이름을 고려로 바꿨거든. 또 일본에 왔던 발해의 사신들 대부분도 고구려인의 성씨를 갖고 있었어. 이러한 기록으로 볼 때, 발해를 세운 주인공들이 고구려를 계승했다는 자부심을 갖고 있었음을 알 수 있지. 주변 국가의 눈에도 발해는 고구려의 후계자로 보였어.

발해에는 고구려에서 비롯된 문화가 많아. 문왕의 딸인 정혜 공주와 정효 공주의 무덤을 보면 고구려식 무덤의 전통을 찾아볼 수 있어. 특히 정혜 공주 무덤의 천장 구조가 고구려의 무덤과 비슷하지. 그리고 발해의 수막새 문양이나 치미 등도 고구려의 것과 매우 닮았어. 수막새는 기와집 지붕의 처마 끝부분을 장식하는 기와를 말하는 것이고, 치미는 지붕의 끝을 장식하는 기와를 말하는 거야. 그 밖에 곳곳에서 나오는 집터의 온돌 시설도 고구려의 전통이라고 할 수 있어. 온돌은 다른 곳의 유적에서는 발견되지 않았거든. 이런 자료를 통해 볼 때 발해가 고구려를 계승한 나라임을 쉽게 알 수 있어.

그렇지만 발해가 고구려의 문화를 그대로 이어받은 것은

러시아 지역에서 발견된 발해 시대의 온돌이야. 온돌은 아궁이에 불을 지펴 바닥을 데우는 난방 장치로, 고구려에서 많이 사용했어.

아니야. 발해는 나라를 세운 주체 세력이 고구려인과 말갈족이고, 여기에 다른 종족들도 섞인 다민족 국가였어. 그래서 자연스럽게 발해 문화에는 말갈 문화의 요소가 들어 있어. 또한 당나라 문화의 영향도 받았고, 돌궐 등 유목 국가와도 교류했기 때문에 중앙아시아의 문화 요소도 나타나지. 이처럼 다양한 나라와 교류했던 영향으로 발해 문화는 국제적이고, 또 한 가지가 아닌 여러 가지 성격을 고루 지니고 있어.

왜 남북국 시대라고 하는가?

수준 높던 발해의 문화는, 발해가 멸망하고 그 뒤를 잇는 나라가 없어지면서 대부분 사라지고 말았어. 단순히 문화의 흐름만 끊어진 게 아니야. 역사 기록 자체도 사라져 버렸고, 후대인들의 기억에서조차 희미해졌지. 그런 점에서 역사와 문화의 계승이 중요하다는 걸 알 수 있어.

우리 역사에 발해와 관련된 기록이 많지 않아서 발해의 역사는 제대로 평가받지 못했어. 김부식이 지은 《삼국사기》에 통일 신라의 역사는 있지만, 같은 시기 발해의 역사는 전혀 기록되어 있지 않아. 그나마 고려 말에 이승휴가 지은 《제왕운기》에 발해가 우리 역사의 일부로 기록되어 있을 뿐이야. 조선 시대까지도 발해는 별로 주목받지 못하다가, 조선 후기의 실학자 유득공이 《발해고》를 써서 처음으로 발해의 역사적 중요성을 강조했어. 그는 한반도 남부를 통일한 신라를 남국으로, 고구려의 후예가 고구려 옛 땅에 세운 발해를 북국으로 보아야 한다고 주장했지. 1970년대에 들어 신라에 의한 삼국 통일은 고구려를 완전히 포함하지 못했다는 점에서 불완전하고, 고구려 옛 땅에서 발해가 세워졌으니 이 두 나라를 하나의 역사 체계 속에서 동등하게 보아 남북국 시대로 부르는 게 바람직하다는 주장이 나왔어. 지금은 이 주장이 널리 받아들여지고 있어.

남북국 시대라고 하더라도 삼국 시대와는 다른 게 많아. 통일 신라와 발해는 모두 이웃 나라인 당이나 일본과는 활발하게 교류했지만, 서로는 거의 교류하지 않았어. 이것이 나중에 두 나라의 역사가 서로 갈라지는 결과를 가져왔지. 발해가 멸망한 뒤에 발해 유민의 부흥 운동에 대해 통일 신라를 계승한 고려는 거의 반응을 보이지 않았어. 고려와는 상관없다고 생각했던 거야. 고려가 발해의 유민을 받아들였으면서도 발해 역사책을 따로 만들지 않았던 이유가 무엇인지 잘 생각해 볼 필요가 있어. 아마도 고려인들에게 발해를 계승한다는 그런 생각은 없었던 것 같아.

그런데 옛 발해 땅을 현재 자기들의 영토로 갖고 있는 중국과 러시아는 발해의 역사를 한국사로 인정하지 않아. 오히려 자기 나라 역사의 일부라고 주장하고 있지. 옛 발해 땅의 대부분을 차지하고 있는 중국은, 발해는 속말말갈이 주체가 된 나라이고 멸망 후 주민 대부분이 중국 각지로 옮겨 가 살았으니까 발해의 역사는 중국의 역사라고 주장하고 있어. 이런 주장은 한발 더 나아가 고구려와 고조선도 중국의 역사라는 주장으로까지 이어지고 있

어. 그리고 발해 땅 일부였던 연해주 남부를 차지한 러시아도 발해의 주인공은 속말 말갈이기 때문에, 발해 역사는 러시아의 지방사나 소수 민족사의 일부라고 주장하고 있지. 이처럼 발해 역사는 주변의 여러 나라들이 한국사가 아닌 자기 나라의 역사로 바라보는 등 역사 갈등의 주요 대상이 되고 있어. 그렇기에 우리는 발해 역사를 한국 역사로 지키기 위해서라도 발해 역사에 대해 더 열심히 연구해야 해.

오늘날 우리가 살고 있는 이 시대를 후세에는 남북 분단 시대, 남북한 시대 등으로 부르는 사람도 있을 거야. 분단이라는 우리 민족의 비극을 극복하고 민족의 통일을 추구하기 위해서는 과거 역사에서 배워야 할 것이 많아. 물론 과거의 남북국 시대를 현재의 남북 분단과 같다고 볼 수는 없지만, 신라와 발해, 그 시대의 역사를 돌아보면서 지금 우리가 무엇을 해야 할 것인지 생각해 보아야 할 거야.

생각 넓히기

1 생각해 보기

다음은 발해에 대한 설명이야. 다음을 읽고 발해인들이 어떤 생각을 가지고 있었는지 생각해 보자.

❶ 발해 무왕이 일본에 보낸 외교 문서에는 다음과 같은 내용이 적혀 있었다.
"발해는 고구려의 옛 땅을 회복하고 부여의 풍속을 계승하였다."

❷ 발해의 왕은 일본에 보내는 외교 문서에서 자신을 '고려(고구려) 국왕'이라 자주 불렀고, 일본에 왔던 발해의 사신들 대부분도 고구려인의 성씨를 갖고 있었다.

_____
_____

2 활동해 보기

다음은 발해와 고구려, 신라, 당나라, 일본의 수막새야. 각 나라의 수막새를 살펴보고, 발해의 수막새와 가장 닮은 것이 어떤 것인지 찾아보자. 또 이를 통해 알 수 있는 것은 무엇인지 써 보자.

| 발해의 수막새 | 당나라의 수막새 | 신라의 수막새 | 고구려의 수막새 | 일본의 수막새 |

가장 닮은 기와: _____

알 수 있는 점: _____
_____
_____

> **더 알아보기**

발해의 길

　발해는 전국을 5경 15부 62주로 나누어 다스렸어. 그중에서 5경은 지방을 다스리는 중심 도시이면서, 또한 당, 신라, 일본, 거란 등 외국으로 이어지는 주요 교통로의 시작점이기도 했어. 발해는 동북아시아의 여러 국가들과 활발히 교류했어. 서쪽으로는 당나라와 거란, 남으로는 신라, 동으로는 일본, 북으로는 돌궐이나 흑수 말갈 등과 교류했지. 이들 나라와 외교, 교역을 하기 위해 발해의 5경을 잇는 국내 도로와 당, 신라, 일본, 거란 등 외국을 연결하는 교통로를 개설했어. 당나라와 연결되는 영주도와 조공도가 있었고, 여기에 신라도, 일본도, 거란도를 합해 모두 5개의 길이 있었지. 이를 발해의 5도, 즉 5개의 길이라고 불렀어. 이런 교통로는 사신들이 다니는 길이기도 했지만, 상인들이 특산물 등을 교역하기 위해 다니는 무역로이기도 했어.

　상경은 수도이면서 나머지 4경으로 이어지는 도로의 출발점이었어. 동경은 두만강을 따라 내려가 동해를 건너는 일본도의 출발지였고, 남경은 국경 지대를 지나 신라로 들어가는 신라도가 시작되는 곳이었지. 서경은 당나라로 가는 길의 시작이었어. 발해 사신이 당으로 갈 때에는 보통 상경이나 중경에서 서경으로 가서 압록강을 따라 내려가 바닷길로 요동 반도를 지나 장안으로 갔거든. 그래서 발해와 당에서는 이 길을 조공도라고 부른 거야. 중국 산동의 등주와 청주에는 발해 사신을 위한 발해관이 설치되어 있었는데, 이곳은 교역 중계지 기능도 했어. 이 길은 732년 발해의 장수 장문휴가 무왕의 명을 받아 수군을 이끌고 등주를 공격했던 길이기도 해.

　발해와 당 사이의 교통로로는 발해 중경에서 당나라 영주로 가는 영주도라는 길도 있었어. 이 교통로는 예전에 대조영이 영주를 탈출해서 옛 고구려 땅으로 갔던 길이야. 그러나 거란을 비롯한 유목민의 위협 때문에 안전하지 않아서 잘 이용되지는 않았던 것 같아. 이 밖에 상경에서 부여부를 거쳐 거란에 이르는 거란도도 있었어. 이 길은 남부 시베리아 및 중앙아시아와도 연결되는데, 담비 가죽을 교역했던 길로 유명해. 그리고 이 길은 초원길과 만나기 때문에 북방 유목 민족과 교류하는 길이기도 했어.

19장 골품제에 막힌 큰 뜻